Heibonsha Library

イデオロギーとしての技術と科学

Technik und Wissenshaft als ›Ideologie‹

平凡社ライブラリー

Jürgen Habermas
TECHNIK UND WISSENSCHAFT ALS
›IDEOLOGIE‹

Heibonsha Library

イデオロギーとしての技術と科学

Technik und Wissenshaft als ›Ideologie‹

ユルゲン・ハーバマス著
長谷川宏訳

平凡社

目次

まえがき

「イデオロギーとしての技術と科学」という論文は、ヘルベルト・マルクーゼの展開したテーゼ、「工業技術の解放的な力——物を道具としてあつかう力——は解放をさまたげる桎梏に転化し、人間を道具としてあつかう力になっている」というテーゼに対決する意味をふくんでいる。この論文はヘルベルト・マルクーゼの古稀祝賀記念論文として書かれ、『ヘルベルト・マルクーゼへの回答』という名の小冊子におさめられる予定のところ、紙数の都合上割愛されたものである。

この仕事の途上で予備実験的におこなったいくつかの考察を、すでに雑誌その他に公表した論文とともに、いまここに一括して公刊できるのはよろこばしい。それらの論文は、いくつかの前提事項をいっそう正確に説明したり（最初と最後の論文）、論理的帰結を示唆したり（第三、第四論文）するのに役立つだろう。といっても、むろんそれらが折にふれて書かれた独立の論文であることにかわりはない。

本書と同時に出版される『認識と関心』は、フランクフルト大学就任公開講義（本書の最終論文）の視点から問題をさらにくわしく論じたものである。

一九六八年八月、フランクフルト・アム・マイン

ユルゲン・ハーバマス

I——労働と相互行為——ヘーゲルの「イエナ精神哲学」への註

ヘーゲルはイエナ大学で一八〇三‐四年と一八〇五‐六年に自然哲学と精神哲学の講義をおこなっている。「精神哲学」は断片的に仕上げられただけの「共同体の倫理の体系」と関連している。これらの断章[*1]は当時ヘーゲルが従事していた経済学研究の影響をぬけだしてはいない。マルクス主義的なヘーゲル研究家はたえずそのことを指摘してきた。[*2]しかし「イエナ精神哲学」が体系的に特殊な位置を占めることについては、これまで十分に注意が払われたとはいえない。あいもかかわらず、イエナ講義の編者ラッソンがすでにその本の序文でのべている見解が支配的で、この仕事は『精神現象学』の前段階をなすものであり、後期の哲学体系とは平行関係にあると見なされている。それにたいして、わたしはつぎのようなテーゼを提唱したい。ヘーゲルはふたつのイエナ講義のなかで、精神の形成過程に関する独自の体系構成の基礎をきずきあげているのであって、この体系構成はのちに見すてられてしまう、というテーゼを。

言語、道具、家族という三つのカテゴリーは、弁証法的な関係を例示する同位同格の範型である。記号的表現、労働過程、互恵にもとづく相互行為は、それぞれに主体と客体とを媒介する。言語、労働、共同的関係の弁証法は、それぞれ媒介の特殊な形態としてべつべつに展開されている。そこではいまだ、いくつかの段階を同一の論理形式にしたがって構成することが問題ではなく、構成の種々の形式そのものが問題となっている。極端ないいかたをすれば、まず精神があり、それが自己反省という絶対的な運動のなかでとくに言語、労働、共同的関係となってあらわれるというのではなく、言語的記号表現、労働、相互行為の弁証法的な連関によって、はじめて、精神の概念が定められるのである。うえの三つのカテゴリーが、論理学のなかではなく、実在哲学のなかに登場するという体系構成の位置からすると、そうはいえないと思われるかもしれない。だが他方、当時のヘーゲルは弁証法的な関係の展開にあたって、いまだ異質な経験のさまざまな基本型にあまりに直観的に依拠していたために、論理形式はそのもととなる物質的な連関のちがいに応じて異なったものとなり、外化と疎外、同化と和解という概念すらたがいに背馳するものであったことを考慮する必要がある。

ともあれ、イエナ講義のひとつの傾向として、生活する意識の三つの弁証法的な範型を統合したときはじめて精神の構造が明確になる、という考えかたをあげることができる。*3

1

「主観的論理学」の緒論のなかで、ヘーゲルは、弁証法の根本経験をうちにふくむ自我の概念を想起している。「自我は……第一に、自己と関係する純粋な統一体であり、しかも、直接にそうではなく、すべての内容を捨象し、自己自身との無制約的な同等性という自由な状態に還帰するかぎりにおいて、そうである。だから自我は普遍性である。つまり、捨象というかたちで現象するあの否定的な活動によってのみ自己と統一されるような統一体、したがって、すべての内容を自己内に解消しつつふくむような統一体である。第二に、自我は自己自身に関係する否定性として、おなじく直接に個別性であり、絶対的に規定され、他者と対立し他者を排除する存在、個性的な人格である。絶対的な普遍性であると同時に直接に絶対的な個別性であること、絶対的な存在であるとともに端的に措定された存在であり、措定されることによってはじめて絶対的な存在であるような存在、それこそまさに概念としての自我の本性をなす。うえのふたつの契機が同時にその抽象性と完全な統一性においてとらえられないかぎり、そのどちらについてもなにひとつ把握できないのである。」[4] ヘーゲルの出発点は、カントが統覚の根源的・綜合的統一という名のもとに展開した自我の概念である。カントにあっては自我は〈自己と関係する純粋な統一体〉として、つまり、すべてのわたしの思考に必然的に付随しうるはずの〈われ思う〉として呈示される。この概念は反省哲学の根本経験を、すなわち、自己反省における自我＝同一性の経験を、したがって、世界の可能な対象をすべて捨象し、自己を唯一の対象としてこれと関係する認識主観の自己経験を、浮きぼりにしている。自我の主観性は反省作用のうちに求められる。つまり主観性とは、自己を知る主観の自己自身との関係である。その関係のなかで主観の統一性は自己意識としてうちたてられる。カントは、こうした自己反省の経験を同時に自分の認識論の仮説にもとづいて解釈し、先験的意識の統一性を保証する根源的な統覚を、経験的な統覚からはっきりと区別した。

フィヒテは、自己反省をいくつかの領域に分割し、その領域の基礎づけをふたたび自己反省によっておこなうという作業にさきだって、自己反省にさらなる反省をくわえ、基礎づけの問題、しかも、自我の究極的な基礎づけの問題にぶつかった。その際かれは、自己知という主観性の内部で、自我と他者の弁証法的な関係を追求した。[5] これにたいして、ヘーゲルは、自我と他者の弁証法を精神の相互主体性の枠組のなかで考察し、自我と自我ならざる自己との関係ではなく、自我と、他者としてのもうひとつの自我との関係を問題にした。

自我は端的に自己自身を定立する、と言明した一七九四年の『全知識学の基礎』の弁証法は、いまだなお孤独な反省の関係にふみとどまっている。それは自己意識の理論としては、自我と同一視される他者のもとに自己を認知することによって自我が構成される、という、あの、ひとを困惑させる関係についてひとつの回答をあたえている。ヘーゲルの自己意識の弁証法は孤独な反省の関係を超えて、相互に認識しあう個人の相補的な関係におよんでいる。自己意識の経験はもはや根源的ではない。それはむしろ、他人の目で自分を見ることを学ぶ相互行為の経験からの派生物である。自己意識は視野がかぎられたために生ずるものにすぎない。他人の意識のうちにおのれの像を定着させねばやまない本来の自己意識は、相互承認を基盤にしてはじめて形成されるのだ。そう考えるヘーゲルは、自我の同一性の根源に関する問いにたいして、フィヒテのごとく、自己内に還帰する自己意識の基礎づけをもって答えるのではなく、もっぱら精神の理論をもって答えることができたのである。そのとき精神は自己意識のなかにある自己の主観性の根底をなす基盤ではなく、そのなかで自我が他の自我と交流する媒体、そして、それを絶対的な媒介としてそこから両者が相互に主体へと形成される媒体である。意識はそれぞれの主体がたがいに出会う中間項として、それも、主体が主体として存在するのに不可欠な出会いの場として実在するのである。

カントのいう自己意識の先験的統一はフィヒテによっていわば深められただけだ。綜合の抽象的統一は根源的な行為のうちに解消され、この行為が自我と他者の対立を統一し、自我は自己がそのような統一体だと自覚する、というのがその経過である。これにたいしてヘーゲルは、カントにおける自我の空虚な同一性に固執しつつも、この空虚な自我を普遍性のカテゴリーのもとにとらえることによって、自我をたんなる一契機におとしめたのである。自己意識としての自我の普遍性は、自我が認識主観もしくは想像主観にあたえられる内容をすべて捨象した抽象的な自我であることにもとづいている。同一のものとして確定された自我は、多様な外的対象と同様に、一連の内的な状態や体験をも捨象したものでなければならない。抽象的な自我が普遍的であるということは、このカテゴリーがすべての可能な主体に、したがって、わたしということばを口にするだれもかれもに個人としてあてはまるということにある。——他方しかし、おなじ自我というカテゴリーは、ときには特定の主体を、わたしということばによってかけがえなく個性的で一回かぎりの自己を主張する主体を、さししめすこともできる。だから自我の同一性とは、自己意識一般の抽象的な普遍性のみならず、同時に個別性のカテゴリーをも意味している。自我が個人であるとは、あたえられた座標上に一個体としてくりかえしその位置を確定できるという意味と同時に、端的に個性をさししめす固有名詞的な存在だという意味をももっている。個別性のカテゴリーとしての自我は、かぎられた数の要素に、たとえば、こんにち知られているいくつかの遺伝物質の基本的な構成要素に、還元することはできないのである。

フィヒテが自我の概念を自我と非我の同一性ととらえたのにたいして、ヘーゲルはそれを最初から普遍と個別の同一性と把握した。自我は普遍と個別が一体化したものである。精神はこの統一の弁証法的な展開であり、共同体倫理の総体である。ヘーゲルは用語を身勝手にえらんだわけではないので、〈精神〉ということばは普通に民族精神とか時代精神とか軍隊精神というつかいかたをされることからも知られるように、孤独な自己意識の主観性をもと超えているのだ。普遍と個別の同一性として自我を把握するには、自我と、自我に等しからざる他者との同一性を包含する、精神の統一性から出発するほかはない。精神とは普遍を媒介にした個別者の交流のことであり、その際、普遍は話す個人にたいする文法、あるいは行動する個人にたいする規律の体系のごとく、個別者に対立するものとして登場するのではなく、個別者を独自に結合する役割をはたすのである。だからこそ、ヘーゲルは、そうした普遍を具体的なものとよんだのだが、それに媒介されて個々人は相互に同一であることを認めると同時に、しかもなお同一ならざることをも確認できるのである。自我が自己意識として把握されるためには、自我が精神とならねばならないこと、すなわち、主観性をぬけだして普遍の客観性に移行し、普遍のなかで同一ならざることを知りあった主体がたがいに相手を認めつつ統一されねばならないこと、これがヘーゲルの根源的な洞察であった。自我が、このように厳密に説明しうる意味において普遍と個別の同一性である以上、口のきけない生命体ながら、ともかくも人間のかたちをして母胎のなかに存在し、生物学的には有限数の要素の組合せによって十分説明のできる新生児の場合には、その個別化の過程は社会化の進行ととらえるほかはない。といっても、むろん、社会化は、すでにあたえられた一個人の社会化と考えられてはならない。むしろ社会化そのものが個人を個人たらしめるのである。[*6]

2

共同体的な関係を若きヘーゲルは、愛する者同士の関係に即してあきらかにしている。

「愛のうちにも、なおわかたれたものは存在するが、しかしもはやわかたれたものとしてではなく、合一したものとして存在する。活き活きとした生命がかよいあうのだ。」[*7] 第二イエナ講義でヘーゲルは愛について、それは他者のうちに自己を認識することだと説明している。異なった人間の結合によって〈二様の意味〉をもつ知が発生する。「それぞれは他者と対立するという点では、他者と同等の条件におかれている。したがって、自己を他者から区別することは他者と同列に身をおくことであり、まさしくそこには自分自身にとって対立が一致に逆転し、他者のうちに自己を直観し、自己自身として知るという認識がふくまれている。」[*8] 普遍と個別の同一性としての自我、という概念は、他者のうちに自己を認識するという関係にささえられて成立するが、むろんヘーゲルは、この関係を、相互に対立する主体が相補的に統一される場としての相互主体性の関係から直接に説明しているわけではない。かれはむしろ愛を運動の結果として、先行する反目の和解として叙述している。たがいに相手を承認しつつ安らっている自我＝同一性の独自の意味を解明するには、対立する主体が相補的に統一されていく対話的な関係が、論理の関係であるとともに生活実践の関係でもあることをとらえる視点にたたねばならない。そのことは、「承認をめぐる闘争」という標題のもとに展開された、共同的関係の弁証法のうちにしめされている。そこでは共同的関係たる対話状況の、抑圧と再建の過程が再構成される。こうした運動のみが弁証法の名にあたいするが、そのなかでは、暴力によってゆがめられたコミュニケーションの論理的な関係そのものが、実践的な暴力を行使する。こうした運動の結果、はじめて暴力は根絶され、強制なしに、対話を通じて他者のうちに自己を認識することが可能となり、和解としての愛がうちたてられる。弁証法的といえるのは、強制なしの相互主体性そのものではなく、それが抑圧され再建される歴史過程である。対話的な関係がゆがめられるのは、言語記号が分裂し、対象化された論理的関係がコミュニケーションの連関からきりはなされ、主体の背後でかろうじて有効に働くものとなっていることに由因する。若きヘーゲルは運命の因果性について語っている。

それは、「キリスト教の精神とその運命」と題する断片のなかで、共同的関係の総体を破壊した人間にくだる刑罰の例をひきあいにだして説明されている。共同的関係の基盤、つまり、強制のないコミュニケーションとたがいの利害の満足という相互補完的な基盤を破棄した〈犯罪者〉は、個別者として共同的関係の全体にとってかわろうとしたとたんに、運命のしっぺがえしをうける。反目する両者のあいだにもえあがる闘争と、きずつきたおれた相手にたいする敵意は、うしなわれた相補関係や過去の友誼を思いださせる。犯罪者は生命力の欠如に直面し、自分の罪過を身に感じる。罪人は自分の誘発した抑圧と孤独の生活におしひしがれ、ついには他人の生活の抑圧のうちに自己の生活の欠如を、他人の生活からの離反のうちに自己疎外を経験するにいたる。こうした運命の因果性のうちには、抑圧された生活の力が働いているが、その力をなだめるには、きりさかれた生活という負の経験からうしなわれた生活へのあこがれが生じ、他人の生存を打倒することは自分自身の生存を否認することだということが否応なく確認されるのをまつほかはない。そのときがいたれば、両当事者は、たがいのかたくなな態度が、共通の生活連関からの逸脱・離反に由来することを認識し、他者のうちに自己を認識するという以前の対話的な関係のうちに、生存の共通の土台を見いだすのである。

イエナ講義では承認をめぐる闘争の弁証法は〈犯罪〉の文脈からははずされる。そこでの出発点は、自分のもうけた財産のひとつひとつに全存在をかけて固執する主体のあいだの、感情的な関係である。承認をめぐる闘争は生死をかけた闘争となる。たがいに相手を軽蔑しあう両当事者の抽象的な自己主張に終止符がうたれるのは、闘争者が生命の危険にさらされ、増長しきったみずからの個別性を放棄するときである。「闘争する意識はいまや、自己を放棄しないかぎり、みずからが意識として全面的に承認されることはありえない、という認識に達する。個人の全体性をそのまま維持し存続させようとすれば、そのめざすところとは反対に、徹頭徹尾自己を犠牲にし放棄することになる、という反省が意識自身のうちに生ずる。

個人の総体性は止揚されたものとしてしか存在しない。それは存在する全体性としてではなく、止揚されたという規定性をもってはじめて維持されるのである。[*9]」闘争者にふりかかる運命は犯罪者の場合のごとく刑罰というかたちをとるわけではないけれども、しかし共同世界の連関から逸脱した自己主張が破棄される、という点では犯罪者の場合とおなじである。結果としてでてくるのは、一方が他方のうちに自己を直接に認識する、という和解の形式ではないが、ともかくそこには、相手の承認を前提にした相互関係がなりたっていて、その根底には、自我の同一性は、わたしを承認する他者がわたしの承認を通じて手にいれる同一性、そうした他者の同一性を媒介にしてはじめて可能だ、という認識がよこたわっている。[*10] ヘーゲルはこれを個別性の絶対的救済と名づけた。つまり、このようにして自我は個別と普遍の同一性としての存在を保証されるというのである。「個別的総体性として、自己を放棄した総体性として存在する意識存在は、まさにそこで他の意識のなかに自己を直観する。……あらゆる他の意識のなかで、個別的総体性は、他の意識のなかにあるというかぎりで、直接に自分とむきあうものとなり、止揚された総体性となる。そのことによって個別性は絶対的に救済される。[*11]」

カントは根源的統覚において意識一般の同一性が確立されるとしたが、普遍と個別の同一性としての自我、というヘーゲルの概念は、自己自身と関係する純粋な意識の抽象的な統一に対立するものであった。けれども、ヘーゲルが自我の概念のうちに展開した弁証法の根本をなす経験は、われわれの見るところでは、理論的意識の経験領域というよりも、実践的意識のそれに発している。だからこそカント批判のあたらしい一歩をふみだした若きヘーゲルは、さしあたっては、それを道徳論の批判というかたちで展開したのである。

ヘーゲルは自己意識を、相補的行動の相互作用連関からとらえていたから、つまり、承認をめぐる闘争の結果ととらえていたから、カントの道徳哲学の真価をなすかに見える自律意志の概念が、交流する個々人の共同的関係を独自に捨象してできあがったものであることを見ぬいていた。カントは、理論哲学において自己意識の確固不動で単純な同一性を前提したように、実践哲学において意志の自律を、すなわち、自分で自分に法則をあたえる意志の特性を、前提したとき、共同的な行為を道徳の領域からきっぱりと排除した。境界線上にある行為については、これを、行為主体間にあらかじめ設定された統制にゆだねた。まえもって行為者を裂け目のない相互主体関係の枠内で調整することによって、カントは共同性の問題、すなわち、過度の自己確認とコミュニケーションの欲望とのあいだでひきさかれた相互主体関係の関与する問題を、道徳論の領域からしめだした。[*12] 行為が道徳的であるかいなかは「みずからを同時に普遍的法則たらしめうるような格率にしたがってのみ行為すること」[13]という原理に即して決定される。道徳法則の普遍性とは、そこでは、主体相互の義務一般を意味するばかりか、アプリオリな調和のもとになりたつ一般的妥当性という抽象的な形式そのものをも意味している。個々の主体はだれでも、自分の行為上の格率が普遍的な立法の原理として有効かいなかを吟味するにあたって、その格率を、万人を一様に拘束する格率として、他のすべての主体におしつけてみなければならない。「われわれの意志が自由であることを確認するだけでは十分ではない。他のすべての理性的存在についてもおなじく自由である、といえるだけの根拠をもつ必要がある。なぜなら道徳原理は、われわれが理性的存在たるかぎりでのみわれわれの法則たりうる以上、他のすべての理性的存在にも妥当しなければならないからである。[14]」 道徳法則の抽象的普遍性は、道徳法則がわたしにたいして普遍的に妥当する場合には、当然のこと、すべての理性的存在にも妥当すると考えられねばならない、という点にある。だから相互行為は、そうした法則のもとでは、孤独な自足した主体の自己活動に解消される。しかも、その主体の各々は、自分だけしか存在しないかのように行為しなければならないにもかかわらず、同時に、道徳法則にもとづく自分の行為のすべてが、他のありとあらゆる主体の道徳的行為ともともと必然的に合致するのだという確信をもつことができるのである。

共同的行為を単独の行為に還元できたのは、道徳法則が主体相互のあいだで実践理性によってアプリオリに妥当する、と想定されていたからであった。意志相互の具体的な関係が、人間関係の可能性からきりはなされ、抽象的な普遍法則に則った孤独な目的行為の、先験的に必然的な調和におきかえられる。そのかぎりで、カント的な意味での道徳的行為は、必要な変更をくわえれば、こんにち戦略的行為とよばれているものの特殊例と考えることができる。

戦略的行為は、通例では、いくつかの選択可能性のなかからどれかをえらぶ場合に、参加者のそれぞれを拘束する、切り札の規則や原則があらかじめ調整されているから、決断は基本的に自分のことだけ考えて、つまり特別の相互了解なしに、おこなうことができるし、またおこなわねばならない。その点で、それは、コミュニケーション行為とは区別される。戦略的行為において、競技の規則が主体相互のあいだで完全に妥当することは、競技の状況の定義からして当然のことだが、おなじようにカントの道徳論においても、実践理性に保証された道徳法則は、先験的な地平でアプリオリに妥当するものとされている。いずれの場合にも、相互承認という基盤がたえずおびやかされるなかで、行為者がコミュニケーションをはかりつつ相互関係を形成しようとするときはじめて登場してくる、共同性の問題が消しさられている。道徳的な見地にたつとき、われわれはヘーゲル的な意味での共同的関係を考慮のそとにおかねばならないし、主体が相互行為連関のなかにまきこまれて自己形成の過程をたどる、という事実に目をつむらねばならない。暴力的な人間関係の弁証法的な進行のなかであらわれては消えるものに、目をつむらねばならない。だとすれば、まず第一に、道徳的意図の明瞭な行為について、その具体的な結果や副次的な結果を捨象しなければならないし、さらに、特殊な傾向性や利害を、あるいは、道徳的行為の動機となり、また道徳的行為の客観的な目標ともなりうる〈しあわせ〉を、そして最後に、あたえられた状況のなかではじめて決定される義務の内実を、捨象しなければならないだろう。[*15] この三つの捨象は、すでに若きヘーゲルによって、つぎのように批判されている。「法則が最高のものであるかぎり、……個人的なものは普遍のまえに犠牲に供されねばならない。すなわち個人的なものは殺されねばならない。[*16]」

3

ヘーゲルは自我を構成するにあたって、孤独な自我の自己反省にこだわることなく、それを形成の過程から、つまり、対立する主体のコミュニケーションにもとづく一体化の過程からとらえたから、決定的な役割をはたすのは反省そのものではなく、普遍と個別の同一性がうちたてられる場としての媒介項であった。ヘーゲルは、意識が実在性を獲得するための〈中間項〉といういいかたもしている。これまでの考察からすれば、コミュニケーションにかかわる行為こそが自覚的精神の形成過程にたいする媒介項ではないかと予想される。事実ヘーゲルは、イエナ講義で、第一次集団の共同生活、つまり家族内の相互行為の例をひきあいにだし、〈家族財産〉を互恵的な行為様式をなりたたせる実在の中間項として構成している。ただし、〈家族〉とならんで、おなじように形成過程の媒介項として展開されるふたつのカテゴリーがある。言語と労働がそれである。精神はひとしく根源的な三つの中間項が有機的に組織されたものである。「かの最初の束になった実在——中間項としての意識——は、言語、道具、（家族）財産として存在する。あるいは記憶、労働、家族が単純にひとつになったものとして存在する。」[*17] 弁証法のこの三つの基本型は同質のものではない。精神の媒介項としての言語と労働は、相互行為や相互承認の経験に還元することはできない。

言語は、行動し共同生活する主体間のコミュニケーションとはもともと無縁で、ここでは、自然にむかいあって事物に名前をあたえる孤独な個人の記号の使用、という意味しかもってはいない。直接なにかを直観するという段階では、精神はいまだ動物的である。ヘーゲルは、想像力によってうみだされるほのぐらいイメージについて――あふれでるがままにいまだ有機的に統一されない形象の王国について――語っている。ことばが発せられたとき、ことばのなかではじめて意識存在と自然存在の区別が意識される。形象の王国が名前の王国にうつされるとき、いわば夢みる精神がめざめるのである。めざめた精神は記憶をもっていて、識別し、同時に識別したものを再確認することができる。ヘルダーの懸賞論文の思想にならって、ヘーゲルは、表出こそ記号本来の仕事だと考えた。多様なものを綜合するには、対象の確認を可能にする目印を表現するはたらきが要求される。命名と記憶は楯の両面である。「意識はその実在の理念からすれば記憶であり、その実在そのものは言語である。*18」

記号は事物の名前として二重の機能を有している。一方で、表出の力は、直接にあたえられないものを、直接にあたえられるが自分だけで自足するのではなく、他のなにかの代理として働くもののうちに現出させる点にある。表現記号は自分以外の対象や事象をさししめし、そうした事物のわれわれにたいする意味を呈示する。他方われわれは、記号そのものをつくりだしている。意識は話をするとき記号によってみずからを客体化し、その客体化された記号にたいして自己が主体であることを経験する。言語における主体のこの自分とむきあう関係についても、すでにヘルダーがその特色をえがきだしている。自然を自我の世界へと構成するためには、言語は二重の媒介作用をおこなわねばならない。つまり一方で、直観された事象を、それを表現する記号のなかに解消し、かつ保存するとともに、他方で、意識とその対象とのあいだに距離をもうけつつ、自我が、みずからうみだした記号を超えて、事象と自分自身とのもとに同時に身をおくことを可能ならしめなければならないのである。だとすれば、言語というカテゴリーのもとではじめて、精神を内的なものとしてではなく、内的でも外的でもない媒介項として考えることができる。そこでは、精神は孤独な自己意識の反省ではなく、世界のロゴスなのである。

労働とは、ヘーゲルによれば、自然には見られない、実在する精神に独特の欲求充足法のことである。言語が、あるがままの直観の独裁をうちやぶり、混沌とした種々雑多な感覚を整序して、識別しうる事物の像をつくりあげるとすれば、労働は、直接的な欲望の独裁をうちやぶり、欲求充足の過程をいわばさしおさえるのである。前者において言語記号が実在する中間項であったとすれば、後者においてそれに該当するのは道具であるが、その道具には労働者の労働対象に関する経験が普遍化されてしみこんでいる。うつろいゆく知覚にたいして名前が恒常的なものであるのと同様に、道具はうつろいゆく欲望や享楽に対立する普遍者である。「道具は、労働の恒常性を保障するものであり、労働者と労働対象が消えてもそれだけはあとにのこって、それらの偶然性を永遠化するものである。欲望や欲望の対象が、存続するにせよ消滅するにせよ、個人的なものにとどまるほかはないのに反して、道具は伝統のうちに根ざして後代につたえられる。[*19]」記号が同一物の再認識を可能にするとすれば、道具は自然過程を任意にくりかえし征服するための規則を定着させる。「労働の主体性は道具において普遍的なものにたかめられている。あらゆる人間が道具を模造し、おなじように労働することができる。そのかぎりで道具は労働の不変の規則である。[*20]」

　労働の弁証法はむろん表現の弁証法とおなじかたちで主体と客体を媒介するものではない。はじめは、自力でつくりだされた記号のもとに自然が屈服しているわけではなく、むしろ逆に、主体が外的自然の力のもとに屈服している。労働は直接の欲求充足を一時思いとどまらせ、そして活動のエネルギーを自然法則にしたがった対象の加工にそそぎこむ。この二重の観点から、ヘーゲルは労働のなかで主体がみずから事物となることを指摘している。「労働はこの世でおこる自己の事物化である。欲求する自我の二分化（現実を吟味したいという自我の要求と抑圧されつつ自己主張する衝動的欲求とへの二分化）はまさに自己の対象化なのである。[*21]」自然の因果性のもとに屈服していく途上で道具のうちに集約される経験は、ひるがえって、自然を自己のために働かせることを可能にする。意識が技術的な規則のたすけをかりて予期せぬ労働の成果を手にいれたとき、事物化されていた意識はふたたび自己のもとにかえってくる。しかも、道具を用いた行為によって自然過程でえた経験を自然過程そのものに適用する老獪な意識として。「ここでは欲求は労働に席をゆずって、完全に背後にしりぞいている。欲求は、自然が摩滅するにまかせ、しずかに傍観し、ちょっと手をかけるだけで全体を支配する策士になっている。力の広大な地域は策略の限りをつくして攻撃される。[*22]」

したがって、道具は言語と同様に、精神が実在性を獲得するための中間項というカテゴリーに属する。しかし、このふたつは対照的な運動をおこなう。命名する意識は、精神の客体性にたいして、労働過程から生ずる老獪な意識とは異なった位置にある。極端に人工的な言語の場合以外は、話手と記号との関係は労働者と道具の関係に似てはいない。日常語に用いられる記号が、知覚し思考する意識に浸透し、これを支配するのにたいして、老獪な意識は道具によって自然の過程を左右する。言語の客観性が主観的精神のうえに力をふるうのにたいして、自然にたいする策略は客観的精神の力をおさえて主観的な自由を拡張する。なぜなら、労働過程もまた、迂路を経ながらも、最終的にはうみだされた消費財に満足を感じ、それにうながされて必要そのものを別様に解釈することにおわるからである。[*23]

イエナ講義で展開された、主体・客体間の弁証法的関係の三つの基本型によって、カントの抽象的な自我とは異なった、命名する意識、老獪な意識、承認された意識の動的な同一性の形成過程がとりだされた。道徳批判には文明批判が即応している。目的論的判断力の方法論のなかで[*24]、カントは、文明を、目的論的体系として理解されるかぎりでの自然の究極目的としてとりあつかっている。文明とは、カントによれば、理性的存在が任意の目的一般にたいして適合性を獲得することである。それは主観的には、目的にかなった適切な手段をえらぶ能力にたけることであり、客観的には、自然にたいする技術的な処置の総体である。道徳論において、行為場面ではじめて形成される相互関係のなかに共同的な主体がひきこまれる過程は捨象され、純粋な格率に則った目的行為だけが考えられていたように、文明についてもまた、主体が労働過程にまきこまれるという側面は捨象して、文明は技術的な規則（すなわち条件つきの命法）に則った目的行為としてとらえられている。カントによって、道具を用いた行為にたいする適応性をもつとされた文明化された自我を、ヘーゲルはむしろひとつの出来事として、しかも世界史的に変容する社会的労働の結果としてとらえる。だからかれはイエナ精神哲学の推敲において、道具の使用から発生した老獪な意識が、労働の機械化とともにどういう方向にむかってあゆむかについて、示唆をあたえることをおこたらなかったのである。*25

道徳的意識や技術的意識についていえることは、理論的意識についてもいえる。言語記号による表現の弁証法は、すべての形成過程からきりはなされた先験的意識一般の綜合作業、というカントの概念に対立する。なぜなら、抽象的な認識批判は、カテゴリーや直観形式と経験の素材との関係を、そうしたいいかたからも予想されるように、すでにアリストテレスが提出した、労働主体がある材料にかたちをあたえるという手工業的な活動をモデルにしてとらえるからである。ところが、多様性の綜合がカテゴリー形式をかぶせることによっておこなわれるのではなく、さしあたってはまず、自力でつくりだされる記号の表現機能にたすけをもとめねばならないとすれば、自我の同一性を認識過程以前に前提することは不可能となる。ちょうど、老獪な意識や承認された意識をうみだす労働や相互行為の過程以前に、自我の同一性を前提できないように。認識する意識の同一性は、認識される対象の客観性と同様に、言語の発生とともにはじめて形成されるのであって、たがいにきりはなされたふたつの契機、つまり、自我と自我の世界たる自然との綜合を可能にするのは、言語を措いて他にないのである。

4

カントは、先験的意識の根源的統一としての、自我の同一性から出発する。これにたいしてヘーゲルは、普遍と個別の同一性という自我の根本経験から出発して、自己意識の同一性は根源的なものではなく、生成するものとしてしかとらえられないことを洞察するにいたっている。イエナ講義では、命名する意識、老獪な意識、承認された意識という三重の同一性が展開された。これらの同一性は表現、労働、承認をめぐる闘争という三つの弁証法のなかで形成されるものであり、したがって、カントの『実践理性批判』と『純粋理性批判』の出発点をなす、実践意志、技術的意志、知性の抽象的な統一を否認するものであった。こうした観点から、われわれは、「イエナ精神哲学」を事実上、『精神現象学』の準備作業と解することができる。なぜなら、現象する意識の学問として遂行される認識批判は、たしかに、〈固定した〉認識主観の立場を放棄することによって根底的なものとなっているからである。批判すなわち懐疑が、絶望にいたるのを意に介さず、反省すなわち仮象の透視を、意識そのものが逆転するまでおしすすめる懐疑精神が、なによりもまず根底的な始源を求める。そこでは、理論理性と実践理性、記述的に真なる命題と規範的にただしい決意、といった根本的な区別さえもすてさられ、そもそもいかなる基準にもしたがうことなくはじめることが要求される。もっとも、この理論的に無前提の始源は、まさしく、絶対的な始源ではありえず、自然的意識にむすびつかざるをえないけれども。ここで「イエナ精神哲学」に目を転ずると、そこにはもちろん形成過程の統一への問いはたてられているが、その過程はさしあたっては三つの異質な形成範型によって規定されている。三つの中間項の組織的な連関がどうなっているかは、ヘーゲル哲学がうけつがれていくなかで、後代の相対立する解釈家のそれぞれが、三つの弁証法の基本型のどれかひとつを全体の解釈原理にしたてあげようとするのを目の前にするとき、とくにさしせまった問いとなる。カッシーラーは表現の弁証法をヘーゲル風のカント解釈の導きの糸とし、同時にそれによって象徴形式の哲学を基礎づけた。ルカーチはカントからヘーゲルへの思想のうごきを、労働の弁証法を導きの糸として解釈し、同時にそれが人類の世界史的な形成過程における主体と客体の唯物論的統一を保証するものだとしている。最後にテオドール・リットのような新ヘーゲル主義者は、精神が段階を追ってみずからをたかめていく過程は、承認をめぐる闘争の弁証法の範型にしたがうものだと考えた。これら三つの立場に共通しているのは、絶対知において要求される精神と自然の同一性を無視してヘーゲルをとらえようとする、青年ヘーゲル派につかいふるされた方法である。だが、三つの立場は、その他の点では共通点をもつどころか、それぞれに三つの発端の相違を、ということは、それらの根底にある弁証法のとらえかたの相違を、強調するのみである。だとすれば、「イエナ講義」で言語、労働、相互行為の弁証法をつらぬいているとされた、精神の形成過程の統一性についてはどう考えるべきだろうか。

ヘーゲルは言語という標題のもとに表現記号の使用を問題にしているが、その際、正当にもそれを抽象的精神の第一の規定と考えている。それにつづくふたつの規定は、当然、この第一の規定を前提することになる。現実的精神の次元では、言語は特定の文化的伝統の体系として実在する。「言語は一民族の言語としてしか存在しない。……それは普遍的なもの、もともと承認されたもの、万人の意識におなじように反響するものである。すべての意識は話すことによって直接に他の意識となる。言語はまさしくその内容からして、一民族の言語となるときはじめて、各人が考えていることを表現するほんものの言語になる。[*26]」言語は文化的伝統としてコミュニケーション行為のなかにはいりこむ。なぜなら、主体相互のあいだで承認された不変の意味をもつ言語が、伝統からくみとられて存在するときはじめて、他人に目をむけること、つまり相補的なふるまいを期待することができるからである。同様に相互行為も言語によるこまやかなコミュニケーションに依存する。ところで、さらに道具を用いた行為も、現実的精神のカテゴリーのもとで社会的労働としてあらわれるやいなや、相互行為の網にひっかかり、したがって、それはそれであらゆる可能な協同作業のぎりぎりの条件であるコミュニケーションに依存することになる。社会的労働を度外視しても、すでにひとりで道具をつかうという行為さえも、記号の使用を前提にしている。なぜなら動物的な欲求充足の直接性をうちやぶるには、命名する意識が介入して、識別できる対象とのあいだに距離をつくらねばならないからである。ともかくも道具を用いた行為は、孤独な行為ですらも、対話を欠いた行為ではないのである。

　記号使用と相互行為および労働との関係ほど明瞭ではないが、それよりも興味ぶかいのが、抽象的精神のあとのふたつの規定のあいだの関係、つまり、労働と相互行為との関係である。一方で、相補的な行為は文化的伝統の枠内ではじめて制度化され持続するものとなるが、そのことは、道具を用いた行為とはなんの関係もない。他方、技術的な規則は、たしかに、言語によるコミュニケーションが存在してはじめて形成されるけれども、それは、相互行為におけるコミュニケーションの規則とはなんの共通点ももっていない。道具を用いた行為を支配するとともに、道具を用いた行為の経験領域からとりだされてくる条件つきの命法は、自然の因果性にかかわるだけで、運命の因果性には関知しない。相互行為を労働に還元したり、労働を相互行為から導きだしたりすることは不可能である。だが他方で、ヘーゲルは、相互承認にもとづく社会的交通をはじめて形式的に確定する法規範と労働過程との連関を、それなりにうちたてている。

現実的精神というカテゴリーのもとでは、対立者のあいだにかわされる相互行為は、法的に定められた人格間の交通というかたちであらわれ、人格の身分は法的人格としてまさしく相互承認の制度化によって決定される。けれども、この承認は直接に他者の同一性に関係するわけではなく、他者の自由に処理できる財産に関係する。自我の同一性が制度的に現実化されるということは、個人が労働によってなにかを生産し、交換によってなにかを獲得することによって、財産の所有者として承認されることを意味する。「ここでは、わたしの所有物や財産のみならず、わたしの人格が、そしてさらに、わたしの存在のうちにわたしの全体がふくまれるかぎりで、名誉や生活が、定立されるのである。[*27]」だが名誉や生活の承認とは、財産が手のふれられないものとなるということにほかならない。そして法的承認の実体である所有は、労働過程からでてくる。つまり、承認された労働生産物において、道具を用いた行為と相互行為はむすびついているのである。

イエナ講義では、この連関はきわめて簡潔に構成されている。社会的労働の体系のなかに労働過程の分割と労働生産物の交換がもちこまれ、そのことによって労働と必要は普遍的なものとなる。なぜなら各人の労働は、その内容に関していえば、万人の必要をみたす普遍的なものだからである。抽象的労働が抽象的必要のための財貨をうみだす。そのことによって、生産された財貨には交換価値という抽象的な価値があたえられる。貨幣は交換価値という概念の実在形態である。等価物の交換は相補関係の範型である。制度化された交換の形式が契約であり、したがって契約は相互性にもとづく典型的な行為を形式的に定着させたものである。契約は「交換とおなじものだが、しかし観念的な交換である。それは言明の交換であり事物の交換ではないが、事物の交換とおなじ意味をもつ。他者の意志そのものについてもおなじことがいえる。[*28]」交換のうちに実現される相互性が制度化されるには、言明されたことばが法的強制力をもつ必要がある。相補的な行為を媒介する記号は、将来のふるまいにたいして強制力をもつものでなければならない。「わたしのことばが認められるのは、わたしが誠実で、心変わりせず、信念をまもりとおすといった道徳的な理由のためではない。わたしは気持をかえることはできる。だが、わたしの意志は承認されたものとしてのみ実在する。わたしだから、わたしは自己矛盾に陥るばかりか、わたしの意志が承認されているという事実に矛盾することになる。……人格つまり純粋な対自存在は、一般意志からきりはなされた個別意志として尊敬されるのではなく、一般意志としてのみ尊敬されるのである。[29]」だとすれば、相互行為をささえる相互承認の関係は、まさに、労働生産物の交換のうちに定立される相互性が制度化される途上で確定されるのである。

自我の同一性が制度化され、自己意識が法的に認可されるのは、労働と承認をめぐる闘争というふたつの過程の結果である。われわれは、労働過程を通じて直接的な自然力の支配から解きはなたれたのち、承認をめぐる闘争にはいり、この闘争の結果、自己意識として法的に承認され、そのことによって、労働による解放の契機も確固たるものとなるのである。ヘーゲルは労働と相互行為とを外的および内的自然力からの解放という観点から結合する。かれは相互行為を労働に還元したり、労働を相互作用のうちに解消したりはしないけれども、愛と闘争の弁証法が、道具を用いた行為の成果や老獪な意識の構築からきりはなせないというかぎりで、両者の連関に注意を払っている。労働による解放の結果は相補的行為の規範のなかにはいりこむのである。

むろん労働と相互行為の弁証法的連関については、「共同体の倫理の体系」のなかの考察[30]ではただいちどふれられるだけで、くわしい展開は『精神現象学』をまたねばならない。そこでは奴隷による主人の一方的な承認の関係が、おなじく一方的にきずきあげられた奴隷の自然にたいする支配力によってくつがえされる。双方が相互承認を承認するというかたちをとって成立する自立的な自己意識の構築過程は、労働による解放という技術的成果が、主人と奴隷のあいだの政治的依存関係に逆作用をおよぼすという道をたどる。ところで、主人と奴隷の関係はたしかに現象学を超えて主観的精神の哲学にむかう突破口をきりひらき、『エンチュクロペディー』[*31]では普遍的自己意識への移行を、したがって〈意識〉から〈精神〉へのあゆみをさししめしてはいる。けれども、すでに『精神現象学』において、労働と相互行為の弁証法は、イエナ講義のなかであたえられていた体系的に重要な位置をうしなっている。

そのことは、ヘーゲルがイエナ講義の体系構成をただちにすて、主観的精神、客観的精神、絶対精神という『エンチュクロペディー』の区分を採用したことから説明される。イエナ講義では言語、労働、相互行為は、精神の形成過程のそれぞれの段階をなすばかりでなく、形成の原理そのものであったけれども、『エンチュクロペディー』にいたると、かつて弁証法的運動を構成する範型であった言語と労働が、従属的な実在の関係として構成される。言語については主観的精神の哲学のなかで想像力から記憶に移る際の比較的ながい註で言及されるだけだし（四五九節）、労働はといえば、道具を用いた行為一般としてはとりあつかわれず、そのかわりに社会的労働として、欲求の体系という標題のもとに登場し、客観的精神の重要な発展段階をしめすものとなっている（五二四節以下）。ただ共同的関係の弁証法だけは、イエナ講義と同様、『エンチュクロペディー』でも、精神そのものの構成にあずかる重要な位置をしめている。むろんよく注意してみれば、愛と闘争の弁証法がそこにふたたび見いだされるのではなく、あるのは、「自然法」論文において絶対的共同性の運動として展開された弁証法なのだけれども。

5

われわれは、精神の形成過程の統一性を弁証法の三つの基本型の連関のうちに、つまり記号表現、労働、相互行為の関係のうちに、求めてきた。この独自の連関は、一段階に限定されつつも支配と隷属の関係のうちにいまいちどあらわれるが、それ以後はもはやすがたをあらわさない。それは、ヘーゲルがイエナ時代にしか吟味しなかったかに見える体系構成と不可分の関係にある。むろんイエナ講義にも、労働と相互行為の特殊な連関が意味をうしなう理由を理解させるに足る傾向はすでに見えている。なぜならイエナにおいてすでにヘーゲルは、精神の形成過程の統一性に一定の歪曲をもたらす、かの精神と自然の絶対的同一性から出発しているからである。すでにイエナ講義において、自然哲学から精神哲学への移行は『エンチュクロペディー』とまったくおなじように構成されている。精神は自然のうちに自己の完全な外的客観性をもち、したがって、この外化を止揚しつつ自己の同一性を見いだすというように。その場合、精神は自然の絶対的なはじまりである。「自然の生成というかたちをとる啓示は（歴史のなかにある）自由な精神の啓示であり、自然を精神の世界として定立することである。その定立は反省というかたちをとることによって、同時に自立的自然としての世界を前提している。[*32]」

精神と自然の同一性というこのテーゼを前提にして、ヘーゲルは表現と労働の弁証法をもつねに観念論的に解釈し、名前によって対象の存在が言明され、同様に道具のうちに自然の真のすがたが止揚されていると主張する。自然は、人間がそれと対決するときはじめてその本質がとらえられ、本来のすがたをあらわすのだから、自然の内奥はそれ自身精神である。自然の内奥は名前の王国と加工の規則のうちにはじめて露呈される。だが客観化されたもののなかにはつねに主観的なものがひそみ、対象という仮面の背後で、自然はつねにかくれた精神的対立者としてそのすがたをあらわしうるとすれば、表現と労働という弁証法の基本型も、共同的行動の弁証法と同一の分母に通約できるだろう。というのも、そのときには、命名する主体や労働する主体の自然にたいする関係も、相互承認というかたちでとらえることができるからである。自我と他の自我とが、非同一性をのこしつつたがいに同一視しうるときに成立する相互主体性は、言語主体や労働主体に対立する客体があらかじめ観念論的に、主体同士のような相互行為の可能な対立物ととらえられる場合には、つまり客体が対象Gegenstandではなく相手Gegenspielerである場合には、言語や労働のうちにもあらわれてくる。抽象的精神の三つの規定をそれぞれ別箇に見るかぎりでは、そこには特殊なちがいがある。表現と労働の弁証法は認識もしくは行動する主体と、主体に属さないものをひとまとめにした客体とのあいだの関係として展開される。このふたつの契機は、記号もしくは道具という中間項によって媒介されるが、その過程は、主体の外化の過程——つまり外化（対象化）と獲得の過程と考えられる。これに反して愛と闘争の弁証法は相互主体性の水準で生ずる運動である。だからそこには、外化のモデルにかわって分裂と疎外のモデルが登場し、運動の結果としては、客体化されたものの獲得ではなく、和解が、破壊された友誼の回復が、出現するのである。ところが、対象としての客体と相手としての客体との区別が観念論的に破棄されると、異質な範型を均質化することが可能となる。もし自然の背後に他者の役割をはたす主体が隠れていて、自然とのあいだに相互行為が可能であるとすれば、外化と獲得の過程は形式的には疎外と和解の過程と合致する。そのとき、言語、道具、共同的関係という媒介項をつらぬく形成過程の統一は、「イエナ精神哲学」ではまだ中心をなしていた労働と相互行為の連関のもとに確定される必要はない。なぜなら統一は、それ以前に、かの、他人のうちに自己を認識するという弁証法のうちに存在しているのだから。そして、その弁証法に沿って、いまや言語と労働の弁証法と共同性の弁証法とはひとつに収斂する。同一哲学の前提にたつかぎり、それぞれの弁証法の異質性は見かけだけのものにすぎないのである。

むろん他人のうちに自己を認識する弁証法は、原理的に同等な対立者のあいだの相互行為の関係とむすびついている。ところが、自然全体が統一された主体の相手にたかめられるやいなや、同等の関係は消えうせる。精神と自然との対話、両者のあいだの対話状況の抑圧、共同的関係の構築をもっておわる承認をめぐる闘争、これらは自然とのあいだにはおこりようがなく、絶対精神は孤独である。絶対精神の自己との統一、および他者としてともかくも区別された自然との統一は、結局のところ、普遍と個別の同一性としての自我、という初期の概念をうみだすのに貢献した、行為し話す主体の相互主体性という範型にしたがって考えることが不可能である。自然を相手としてそのなかに精神が自己を認識するというのでなく、対立像としてそのなかに自己を再発見するというかたちをとるほかはない精神と自然の弁証法的統一は、むしろ意識の自己反省の経験から出発して構成される。だから、ヘーゲルは、絶対精神の運動を自己反省の範型にしたがって考える。ただ、そのなかに普遍と個別の同一性の母胎である共同的関係の弁証法が入りこむために、絶対精神は絶対的共同性である、というとらえかたがなされる。運命の因果性をともなって、〈犯罪者〉にも、承認をめぐってたたかう者にもおとずれる共同的関係の弁証法は、いまや絶対精神の自己反省とおなじ運動を展開していることがあきらかとなる。

運命の過程は、青年時代の神学論稿では、共同体全体を構成する成員の立場にたって、主体そのものの対話的関係が抑圧されたために生ずる反動としてとらえられていたが、のちに自己反省の論理のなかにもちこまれると、容易に全体の自己運動というとらえかたに移行してしまった。それは初期の断片ですでに展開されていた犠牲の弁証法と無関係ではない。「犠牲の力は無機物とのからみあいを直観し対象化する点にある。その直観によって、このからみあいはときほぐされ、無機物は分離され、無機物として認識され、まさにそのことによって無関心のまま放置される。だが、生命体が自分の一部だと知っているものをそのなかになげいれ、死の犠牲にさらすとき、生命体は、死の法を承認すると同時に、死から純化されているのである。*33」共同体全体の分裂においては、もはや自己を犠牲にする絶対者の運命が完成されるだけである。ヘーゲルが最初に「自然法」論文で、共同体のなかでの悲劇の実演として展開した絶対的共同性の範型にしたがって、精神と他者としての自然との同一性は把握され、自己意識の弁証法と共同的関係の弁証法は統一されている。〈論理学〉は、絶対者が永遠に自分相手に演ずる悲劇を書きつづる、そのための文法をしるしたものにほかならない。「絶対者は永遠に客体性のなかにうまれ、客体的な形態をとりつつ苦悩や死に身をゆだね、灰塵と化したのちに栄光の座にたちのぼる。神的なものは、その形態と客体性において直接に二重の性格をもっていて、その生はこの二重性格の絶対的な統一である。[*34]」

しかし「自然法」論文と『大論理学』とのあいだにはけっして連続的な発展の糸がひかれているわけではない。われわれが論究した「イエナ精神哲学」の三つの断章に見るかぎり、ヘーゲルは、同時代の経済学を研究することによって、実在する精神の運動は絶対者の誇らしげな犠牲のあゆみをうつしだしているのではなく、精神の構造を、記号に媒介された労働と相互行為の連関としてあらたにくりひろげるのだ、とさとったかに見える。労働の弁証法は、絶対的共同性として把握された精神の運動のなかにすんなりとはめこまれたわけではなく、運動の再構成をせまった。この構成をヘーゲルはイエナ以後ふたたびすてるのだが、その痕跡がのこっていないわけではない。抽象法がヘーゲルの体系のうちにしめる位置は、共同体精神の概念から直接にえられるものではなく、そこにはむしろ、「イエナ精神哲学」の契機が定着されているのだ。イエナ時代に展開された概念の他の契機は、いうまでもなく、後期の法の構成のなかにはとりいれられなかった。

「自然法」論文にいたるまでヘーゲルは、ギボンのローマ帝国の叙述に依拠しつつ、形式的な法関係の領域は自由な共同体の崩壊の結果生じたものだととらえていた。そして、若きヘーゲルはギリシャのポリス制度を理想化し、そこにこそ自由な共同体が実現されていると見ていた。一八〇二年にもなお、歴史的にローマ法の形態ではじめてあらわれる私法は、市民がポリスから追われ、〈腐敗と一般的な堕落〉の状態に陥ったためにつくりだされたもので、私的な個人相互の、法的に正当な交通は共同体的関係の破壊によってそこなわれた、という記述が見られる。絶対的共同性の運動のなかでは、法的、共同体的なものが無機的なものとからみあい、〈地下の力〉に身をささげるような位相に属している。――これに反して「イエナ精神哲学」では、法状態は、いまや近代市民社会の私法の規定によっても特徴づけられて、もはや絶対的共同性の崩壊の産物ではなく、逆に、構築された共同的関係の最初の形態としてあらわれる。相補的に行為する個人が、法規範のもとで持続性を保証されて交通するときにはじめて、自我の同一性が、すなわち他の自己意識のうちに自己を認識する自己意識が制度的に確立される。相互承認にもとづく行動は、法的人格のあいだの形式的な関係によってはじめて保証される。ヘーゲルがこのように抽象法の否定的評価を肯定的評価におきかえることができたのは、その間に私法と近代市民社会との経済的連関の研究にはげみ、この法的権原にも社会的労働による解放の成果がこめられていることを知ったからである。抽象法は、文字どおり額に汗してかちとられた解放をことばにしたものなのである。[*35]

　最後に『エンチュクロペディー』と『法哲学』において、抽象法はもういちど位置づけ上の価値の変化をこうむる。それは肯定的な評価を保持してはいる。なぜなら抽象法という普遍的な規範の体系のなかでのみ、自由意志は外的定在の客体性を手にいれることができるのだから。自己を意識した自由な意志、つまり最高段階に達した主観的精神は、法的人格として客観的精神の一層厳密な規定のもとに登場しはする。けれども抽象法に価値をあたえていた労働と相互行為の連関は消えてしまっている。イエナの構成はすてられ、抽象法は絶対的共同性としてとらえられた精神の自己反省にくみこまれている。いまや市民社会は堕落した共同性の領域とされる。社会的労働のカテゴリー、つまり個々の競争者の抽象的な交通という条件のもとにおいて、抽象的な必要にたいする抽象的な労働を可能にする分業と交換は、寸断された欲求の体系のなかに位置をしめる。しかし抽象法は、社会的交通の形式を規定するものであるにもかかわらず、司法という名のもとに外部から、この領域に入ってくる。それは社会的労働のカテゴリーとは独立に構成され、しかるのちにはじめてこの過程にひきいれられる。イエナ時代には逆に、この過程を通じ、社会的労働による解放の結果として自由の契機を手にいれたにもかかわらず。後期では、いまだ内的な意志が法の客体性に〈移行する〉ことを保証するのは、共同性の弁証法のみであって、労働の弁証法はその中心的な位置をうしなっているのである。

6

ヘーゲルとすぐあとにくるヘーゲル派たちのあいだの精神的断絶について、もっともつっこんだ分析をおこなったカール・レーヴィットは[*36]、青年ヘーゲル学派の命題と若きヘーゲルの思考の動機とのあいだに底流する類縁性をも指摘している。同様にマルクスも、イエナ草稿は知らなかったけれども、生産力と生産関係の弁証法のうちに、経済学研究に触発されつつヘーゲルが数年間哲学的に関心をいだきつづけた、かの労働と相互行為の連関を再発見している。『精神現象学』の最終章にたいする批判のなかで、マルクスは、ヘーゲルについて、かれは近代国民経済学の立場にたっている、なぜなら労働を人間の本質、確証された本質ととらえているから、と主張している。『経済学・哲学草稿』のこの箇所には有名なつぎのことばも見いだされる。「ヘーゲルの現象学およびその最終結果について偉大な点は、……ヘーゲルが人間の自己生産をひとつの過程としてとらえたこと、対象化を脱対象化および外化およびこの外化の止揚としてとらえたこと、したがって、労働の本質をとらえ、対象的な人間、現実的であるがゆえに真なる人間を、人間自身の労働の結果として把握したことにある。」

こうした観点にたって、マルクス自身、人類の世界史的形成過程を社会生活の再生産の法則から再構成しようとこころみた。社会的労働体系の変化の機構を、かれは、労働によって蓄積された自然過程にたいする支配力と、おのずから整序される相互行為の制度的な枠組との矛盾のうちに見た。けれども『ドイツ・イデオロギー』の第一章を正確に分析してみると、マルクスは相互行為と労働の連関を本格的に説明せず、社会的実践というあいまいな名称のもとに一方を他方に、つまりコミュニケーション行為を道具を用いた行為に還元している。「イエナ精神哲学」で道具の使用が労働主体と自然的客体を媒介したように、そこでは生産活動が人類とそれをとりまく自然との物質交代を規制しているが、――この道具を用いた行為がすべてのカテゴリーをうみだす模範となり、一切は生産の自己運動に解消されるのだ。[*37]

だからこそ生産力と生産関係の弁証法的連関に関する独創的な洞察も、ただちにあやまった機械的な解釈をゆるすことになったのである。

こんにち、あくまでも自然発生的に確立される相互行為のコミュニケーション的連関を、技術的に進歩する合目的的行為の体系にならって再組織しようとするこころみがなされているのを見れば、ふたつの契機を一層厳密にわける必要がある。労働の合理化の進展という理念には、おおくの歴史的な願望が付着している。いまもなお地上の人口の三分の二を飢餓が支配しているにもかかわらず、飢餓の追放は率直にいってユートピアではない。しかし、合目的的行為が完全に機能する分野を自然的意識の能力のはるか彼方にまでおよぼし、人間の行為の代理をしてくれるような、人工頭脳やロボットの建設をもふくめて、技術的な生産力によってなされる解放は、自発的な協調を基盤にした支配なき相互行為のうちに共同的関係の弁証法を完成するような、規範の樹立とは同じものではない。飢餓と労苦からの解放は隷属と屈従からの解放とかならずしも一致はしない。なぜなら、労働と相互行為とのあいだには自動的に発展するような連関は存在しないのだから。にもかかわらず、ふたつの契機のあいだにはある連関が存在する。『イエナ実在哲学』も『ドイツ・イデオロギー』もその連関を十分に解明してはいない。だが、それらを読めば、連関の重要性は確信できる。事実、労働と相互行為のあの連関に、精神の形成過程、さらに人類の形成過程は本質的に依存しているのである。

一九六七年

II——〈イデオロギー〉としての技術と科学

ヘルベルト・マルクーゼの古稀のために　一九六八年七月一九日

マックス・ヴェーバーは、資本主義的経済活動、市民的な私法上の取引、官僚支配などの形式を確定するために、〈合理性〉という概念を導入した。合理化とは、まずもって、合理的決定という尺度に支配される社会領域の拡大を意味する。それに対応して社会的労働が工業化され、その結果、道具を用いた行為という尺度が他の生活領域にも入りこんでくる（生活様式の都市化、交通や通信の技術化）。いずれの場合にも、問題なのは、目的合理的行為類型の徹底化ということだが、後者、つまり、工業化の場合には、この行為類型が手段の組織化にあたって威力を発揮し、前者、つまり、合理化の場合には、二者択一的な選択に威力を発揮する。計画とは、結局のところ、第二段階の目的合理的行為ととらえることができるので、そのめざすところは、目的合理的行為体系そのものの調整、改良、拡張である。社会の合理化は、科学技術の進歩が制度化されるのに応じて進展していく。技術と科学が社会の諸制度に浸透し、こうして制度そのものを改変していくにつれて、ふるい正当化理論が撤廃される。行為の指針となる世界像ないし文化的伝統総体の世俗化と〈脱魔術化〉は、社会的行動における〈合理性〉の増大の裏面にほかならない。

1

ヘルベルト・マルクーゼが、マックス・ヴェーバーのこうした分析を批判の俎上にのせたのは、資本主義的企業家や工業賃金労働者、抽象的法人や近代的行政官僚などの目的合理的行為から抽出され、科学および技術の評価の基準として確定された合理性という形式的概念が、一定の内容的なふくみをもつことを証明せんがためであった。マックス・ヴェーバーが〈合理化〉と名づけるもののうちには、合理性そのものが貫徹しているのではなく、合理性に名をかりた一定の隠微な政治支配形態が貫徹している、というのがマルクーゼの確信だった。この種の合理性は、（状況があたえられ、目標がさだめられると）戦略をただしく選択し、工業技術を適切に利用し、目的に沿って組織を調整するのに役立つために、ひとびとは、戦略の選択、工業技術の利用、組織の調整が、どのような社会的利害関係のなかでなされるかを省察したり、理性的に再構成したりすることをないがしろにしてしまう。しかも、この合理性は、技術的処理が可能な関係にしかかかわらないものだから、したがって、自然もしくは社会の支配を内包するような行為類型を要求する。目的合理的行為は、その構造からして統制の行使である。したがって、この合理性を尺度にした生活状態の〈合理化〉とは、支配権力を、政治的にカムフラージュしつつ制度化していくことと同義である。が、目的合理的行為の社会システムにふくまれる技術的理性は、その政治的内容を放棄しはしないのだ。マルクーゼのマックス・ヴェーバー批判はつぎのような結論に達する。「技術的理性という概念は、おそらくそれ自体がイデオロギーである。技術の利用ではなく、技術そのものがすでに（自然と人間にたいする）支配であり、方法的、科学的、功利的、打算的な支配である。支配権力の特定の目的や利害は、〈事後的に〉、技術のそとからはじめて押しつけられるのではなく――すでに技術的装置の構造そのもののうちに入りこんでいる。技術はときに歴史的・社会的投企であり、そこには、ある社会とその支配的利害が人間と事物をどうあつかおうと考えているかが投影されている。支配権力のそのような目的は〈物質的なもの〉であり、そのかぎりで、技術的理性の形式そのものにふくまれている。[*1]」

すでに一九五六年にマルクーゼは、まったくべつの脈絡のなかで、工業の発達した資本主義社会では、支配権力はその搾取的・抑圧的性格をうしなって、〈合理的なもの〉になる傾向があるが、だからといって、政治的支配権力はけっして消滅するものではない、という独特の現象を指摘している。「支配権力は、装置を全体として維持・拡大する能力と利害に依然として左右される。」[*2] 支配の合理性は、科学技術の進歩にむすびついた生産力の上昇を体制の基礎たらしめうるような、そういう体制を保持しうるかいなかにかかっている。たとえば他方で、生産力の状態がまさしく「個人に課せられる犠牲や労苦がますます不必要・不合理に見える」[*3] ほどにも強大な潜在力をしめしているとしても。マルクーゼは、抑圧は客観的には余計なものになったかに見えるが、その実、それが、個人を巨大な生産分配装置にいっそううつよく従属させ、自由時間の私的性格をうばい、社会的労働の建設的な面と破壊的な面をほとんどわかちがたく融合させる、という事実のうちに、かたちをかえてあらわれていると考える。だが、逆説的なことに、支配体制があたらしい性格を身につけ、「個人の生活をますます安楽にしてくれる、生産性と自然支配のたえざる増大」にひとびとの目をうばうようになったために、こうした抑圧は民衆に意識されなくなってきている。

科学技術の進歩とともに制度化された生産力の増大は、歴史上類のない速度ですすんでいる。体制秩序はそこに自己正当化の絶好の根拠を見いだす。生産関係は生産力の発達可能性にもとづいて評価される、という考えは、現存の生産関係が、合理化された社会の技術的に必然的な組織形態という外観を呈する、という事実によってきりすてられる。マックス・ヴェーバーのいう意味での〈合理性〉は、ここにその二重性があらわになる。それは、生産力の現状にたいする批判の尺度となって、歴史的にたちおくれた生産関係の、客観的には余計なものに見える抑圧性を暴露するというだけにおわるのではもはやなく、同時に、この当の生産関係を機能的にすぐれた体制秩序として正当化することも可能な、弁明の尺度にもなるのである。いや、弁明の尺度としての効用に比較すれば、批判の尺度としての〈合理性〉にはするどさがなく、たんに体制内部での改良をめざすにすぎないものとなっている。批判のことばとしてなおもいえるのは、せいぜい、社会が〈あやまって計画されている〉という程度のことにすぎない。したがって、科学技術の発達という次元では、生産力と生産関係の配置があらたなかたちをとるように見える。いまや生産力は現存体制の批判の基礎として政治的啓蒙運動に味方するものではもはやなく、それ自身、体制の基礎となっているのだ。この事態をマルクーゼは世界史的にあたらしい出来事ととらえている。

だが、もしそうだとすれば、目的合理的行為体系のうちに具体化された合理性は、特殊に限定された合理性と解されねばならないのではないか。科学と技術の合理性は、論理学や結果を統制された行為の不変の規則に由来するものではなく、一定の内容をともない、歴史的に生成消滅するアプリオリをすでに内包しているのではないか。マルクーゼはこうした問いに肯定の答えをあたえる。「近代科学の原理は、自動的に遂行される生産的な統制の領域に概念の道具として役立つような構造を、アプリオリに有していた。理論的な操作主義は、最終的に、実践的な操作主義に対応していた。たえずいっそう有効な自然支配へとむかう科学的方法は、ついで、自然支配を媒介にした人間の人間にたいするたえずいっそう有効な支配のための、純粋な概念および道具を提供することになった。……こんにちでは支配の永続化と拡大は、工業技術を媒介にしておこなわれるばかりでなく、工業技術としておこなわれるのだ。工業技術は、すべての文化領域を手中にした厖大な政治権力の正当化におおきく貢献するのみならず、自分の生活そのものを決定するうえで自律的たりえない不自由の合理化にも、おおきく貢献している。けだし、生活決定上のこの不自由は、不合理なものとも政治的なものとも感じられず、むしろ、生活をいっそう快適にし労働生産性をたかめる技術装置にしたがうものとうけとられるからである。こうして、工業技術の合理性は、支配権力の合法性を廃棄するというより保護し、かくて、道具主義にもとづく理性の地平は、合理的にうちたてられた全体主義社会に道をひらくのである。[*4]」

マックス・ヴェーバーの〈合理化〉とは、長期にわたる社会構造上の変化の過程を意味するばかりでなく、同時に、フロイトのいう意味での〈合理化〉でもあって、客観的にたちおくれた支配権力の維持という真の動機が、技術的な至上命令に訴えることで隠蔽されるのである。この訴えが可能なのは、科学や技術の合理性がすでに内在的に統治の合理性であり、支配の合理性であるからにほかならない。

近代科学の合理性は歴史的に形成されたものだ、という考えをマルクーゼに示唆したのは、ヨーロッパの学問の危機にかんするフッサールの論文や、ヨーロッパの形而上学にたいするハイデガーの破壊作業であった。唯物論との関連ではブロッホが、科学の合理性がすでに資本主義的にゆがめられている以上、近代技術も素朴に、純粋な生産力の増強だけにかかわっているわけにはいかない、という視点をきりひらいている。しかし、〈技術的理性の政治的内容〉を、後期資本主義社会の理論の分析上の出発点としたのはマルクーゼが最初であった。かれは、この視点を哲学的に展開するだけでなく、社会学的な分析を通じて確証しようとしたために、そこに種々の難点があらわれることになった。わたしはここでは、マルクーゼ自身のもとにすでにあらわれているひとつの不確かな点についてだけ言及したい。

2

マルクーゼは、社会を分析するにあたって、技術と支配権力の融合、合理性と抑圧の融合という現象に執着したが、この融合現象の意味するところが、科学や技術はその実質からしてアプリオリに、階級利害と歴史的状況に規定された世界投企を、つまり、マルクーゼがサルトルの現象学にならって〈Projekt〉と名づけるものを、ふくんでいる、という意味に解されねばならないとすれば、科学と技術そのものが革命的なものにならないかぎり、解放ということは考えられないことになろう。マルクーゼはいくつかの箇所で、ユダヤ神秘主義やプロテスタント神秘主義が期待する「堕落した自然の蘇生」という約束に関連させて、この新科学の理念を追求しようとこころみている。「堕落した自然の蘇生」という表現は、周知のように、シュヴァーベン地方の敬虔主義を経てシェリング（およびバーダー）の哲学にながれこみ、マルクスの『経済学・哲学草稿』にふたたびあらわれるものだが、こんにちでは、ブロッホの哲学の中心思想をなすとともに、ベンヤミン、ホルクハイマー、アドルノのひそやかな希望の方向をもさししめしている。マルクーゼもこういっている。「わたしがうちたてようとするのは、科学が独自の方法と概念にもとづいて投企し促進してきた宇宙においては、自然の支配と人間の支配がむすびつき——そのむすびつきがこの科学的宇宙の全体に不吉な作用をおよぼしかねない、という事実である。科学的にとらえられ支配された自然は、あらたに、技術的な生産装置および破壊装置となってあらわれているが、それは個人の生活を維持・改良すると同時に、生活を装置の支配下に屈服させているのだ。こうして、合理的な階層秩序は社会的な階層秩序と融合する。だとすれば、進歩のむきをかえ、科学と支配秩序のこの不吉なむすびつきを解体するためには、科学そのものの構造——科学の投企——にも変革がおよばなければならない。科学の合理的性格は保存しつつ、その仮説を本質的にべつの経験連関のなかで（平和な世界の経験連関のなかで）発展させていかねばならない。そのとき科学は、本質的にべつの自然概念を獲得し、本質的にべつの事実を確立することになろう。」[*5]

だとすれば、マルクーゼの視野のうちには、たんにべつの理論を形成するという課題だけでなく、原理的に異なった科学の方法論を確立するという課題もとらえられている。自然をあらたな客体にする超越的な枠組は、もはや、道具を用いた行為の機能だけにかかわるものではなくなり、技術的処理の可能性という視点にかわって、自然の潜在力をときはなつ保護・育成という視点があらわれる。「科学の支配には、抑圧的支配と解放的支配がある」[*6]というわけだ。こうした考えにたいして、近代科学を歴史的に一回かぎりの投企ととらえうるためには、それにかわる投企がすくなくもひとつは考えられるのでなければならず、さらに、その新科学は新技術の定義をふくまねばならない、という反論が予想される。が、この反論は、よく考えてみると興ざめである。というのも、技術は、それをそもそもひとつの投企に還元しようとすれば、あきらかに人類全体の〈投企〉に還元しうるのみで、歴史的に凌駕されるような投企には還元できないからである。

われわれになじみの技術と、目的合理的行為の構造とのあいだには、内在的なつながりがある、というアルノルト・ゲーレンの指摘は、わたしには説得力のあるものに思える。結果の統制された行為の機能範囲を、合理的な決定と道具を用いた行為との一体化と解するならば、技術の歴史は、目的合理的行為が一歩一歩客体化される過程、という視点から再構成することができる。いずれにせよ、技術の発展は、最初は人間の有機的身体のもとにあった目的合理的行為の機能範囲の基本的な要素を、人類がひとつまたひとつと技術的手段の平面に投影し、自身は当該の機能から解放されていく過程だ、と解釈することができる。[*7] まず最初に運動装置（手と足）の機能が強化され代替され、つぎに（人間の身体の）エネルギー産出機能が、ついで感覚装置（目、耳、皮膚）の機能が、そして最後に中心制御装置（脳）の機能が代替される。技術の発展が、目的合理的で結果を統制された行為に、つまり、労働の構造に見あった論理にしたがうことを明確にとらえれば、人間の自然組織がかわらないかぎり、そして、人間が社会的労働を通じ、労働を代行する手段のたすけをかりて生活を維持しなければならないかぎり、技術を、しかも現にある技術をすてて、質的にちがった技術を求めうるとはとうてい考えられない。

マルクーゼは自然にたいする別種の態度をめざしているが、その態度からは新技術の理念は獲得さるべくもない。自然を可能な技術的処理の対象としてあつかうのではなく、可能な相互行為の相手としてこれに接することはできる。搾取するための自然ではなく、同胞としてつきあえる自然をもとめることはできる。相互主体性がいまだ十分開発されない水準でも、動物や植物、あるいは石にたいしてすら主体性を期待することができ、そのことを通じて、コミュニケーションなしに自然をたんに加工するというのではなく、自然とのコミュニケーションをはかることができる。そして、依然として束縛されたままの自然の主体性がときはなたれるには、そのまえにまず人間相互のコミュニケーションが支配権力から自由にならねばならない、というマルクーゼの考えには、ごくひかえ目にいっても、独特の魅力がある。人間がなにものにも強制されることなくコミュニケートし、各人が他人のうちにおのれを認識できるようになるときはじめて、おそらくは人類が自然を他の主体として——といっても、観念論ののぞむように自然そのものの他者としてではなく、人間というこの主体の他者として——認識できるのである。

それはそれとして、技術の働きは、それ自身すてさることのできないもので、目を見ひらいた自然もやはりそれにとってかわることはできない。自然を、対象としてではなく相手として構想するという、現存の技術に対立する態度は、技術的行為に対立する行為の構造に、つまり、目的合理的行為とは区別される記号に媒介された相互行為に、関係している。だが、そうだとすると、ここに労働と言語のふたつが投企されることになり、しかもその投企は人類全体の投企であって、個々の時代の投企、特定の階級の投企、超えられていく状況の投企ではない、ということになる。新技術の理念が維持しがたいものであるように、新科学の理念も、われわれの問題とする科学が、技術的処理の可能性という立場を義務づけられた現代科学である以上、首尾一貫した理念としては成立しがたいのだ。科学の機能にかんしても、科学技術の進歩一般にかんしても、現存の理念にとってかわる〈いっそう人間的なもの〉は存在しないのである。

マルクーゼ自身、科学や技術の合理性を〈投企〉というかたちで相対化することに意味があるのかどうか、うたがっているように見える。科学や技術を革命的なものにするとは、ただ制度的な枠組をかえるだけのことで、生産力そのものはそれとはかかわりなく温存される、という考察は、『一次元的人間』のあちこちにしるされている。とすると、科学技術の進歩の構造は維持され、指導的な価値だけがかわることになる。そして、新価値は技術的に解決可能な課題へと翻訳されて、科学技術の進歩の方向はあたらしいが、合理性の尺度そのものは不変のまま維持されるということになる。「手段の宇宙たる技術は、人間の弱点をも長所をも増幅する。現在の段階では人間はひょっとすると以前のどの時代よりも、自分自身のつくりだした装置にたいして無力なのかもしれない。」[*8]

この命題では、またしても生産力は政治的に無罪だとされている。マルクーゼはここで生産力と生産関係との関係について、古典的規定をくりかえしているにすぎない。だが、それをくりかえすだけでは、生産力は政治的に徹頭徹尾腐敗しているという主張と同様、マルクーゼがいいあてたいとのぞむあたらしい事態をいいあてたことにはならない。科学や技術の独特の〈合理性〉は、一方で、余剰をもたらす生産力が依然として制度的枠組をおびやかしつつ潜在力をましていくことをしめし、他方また、制限つきの生産関係そのものの正当性を測る尺度をもあたえるものだが――こうした合理性の分裂性格は、概念を歴史化したり正統派の把握にかえっていったりすることによっても、また、原罪のモデルや科学技術の進歩の無罪性のモデルによっても、これを十分にえがきだすことはできないのだ。把握すべき事態をもっとも細心に定式化したものとして、つぎのことばがあげられよう。「自然の変革が人間の変革をともない、人間のもたらす創造物が社会的全体から発し、またそこにかえってゆくかぎり、技術的なアプリオリは政治的なアプリオリである。けれども、技術的領域をなす機械〈そのもの〉は政治目的にたいして無関心であるとは主張できるのだ——機械はただ社会の前進を促進したり阻止したりするにすぎない。電子計算機は資本主義社会にも社会主義社会にも同様に役立つことができる。サイクロトロンは戦争派にも平和派にもおなじように有利な武器となる。……けれども、技術が物質的生産全体にいきわたった形式になると、それによって文化全体が書きかえられる。技術はひとつの歴史的全体を——ひとつの〈世界〉を立案するのだ。[*9]」

技術的理性の政治的内実というマルクーゼの表現は、問題に蓋をしているだけのことで、ほんとうに困難な問題は、はっきりと正確にいえば、科学と技術の合理的形式が、したがって、目的合理的行為の体系のうちに具体化された合理性が、生活形式へと、生活世界の〈歴史的全体〉へとひろがっていく、という事実である。マックス・ヴェーバーは、社会の合理化ということばでおなじ事態を指示し説明しようとした。わたしの考えでは、マックス・ヴェーバーもヘルベルト・マルクーゼも、この事態を満足のいくように説明してはいない。わたしがマックス・ヴェーバーの合理化の概念をべつの関連体系のなかであらたに定式化し、それを基礎に、マルクーゼのヴェーバー批判、および科学技術の進歩の二重機能（生産力としての機能とイデオロギーとしての機能）にかんするマルクーゼの議論に言及しようとするのも、そのためである。わたしの提出する解釈の図式は、ある論文のなかに導入されながら、その有効性については真剣に吟味されなかったものである。思うに、歴史的一般化は、図式の注釈に役立つだけで、解釈そのものの展開をそれで代行することはできないのだ。

3

マックス・ヴェーバーが〈合理化〉の概念を用いて探究しようとしたのは、〈近代化〉の過程に入った社会の制度的枠組にたいして、科学技術の進歩がどのような反作用をおよぼすか、という点であった。こうした関心は以前の社会学にも一般に見られたもので、そこで提起される種々の対概念は、すべておなじ問題のまわりを、つまり、目的合理的行為というサブシステムの拡大が強制的にもたらす制度的な変動の概念的構成、という問題のまわりを、めぐるものであった。身分と契約、ゲマインシャフトとゲゼルシャフト、機械的連帯と有機的連帯、非公式集団と公式集団、一次的関係と二次的関係、文化と文明、伝統的支配と官僚的支配、宗教的団体と世俗的団体、軍事社会と産業社会、階層と階級、等々。これら多くの対概念の数に見あって、伝統的社会が近代社会に移行する際の制度的枠組の構造変化をつきとめる、多数のこころみがなされた。パーソンズの作成した価値志向の可能な二者択一の目録でさえ、公然とそういわれているわけではないが、おなじこころみにでるものである。パーソンズの主張するところによれば、かれの表は、あらゆる任意の行為にあたり、二者択一的価値志向をまえにして主体がくださねばならない決断を体系的にあらわしたもので、なんら特定の文化的・歴史的脈絡と関連するものではないという。が、その表をよく見てみると、その根底にある問題設定の歴史的な位置づけを見のがすことはできない。二者択一的な価値志向の四つの対概念はこうなっている。

感情性　対　没感情性
特殊主義　対　普遍主義
帰因　対　成果

拡散性　対　集中性

すべての可能な根本的決断をくみつくすはずの、これら四つの対概念は、ひとつの歴史的な行程を分析するために編成されている。つまり、伝統的社会から近代社会の移行に際して、支配的態度がこうむった変化の本質的な次元を確定するものとして、さきの対概念は、提起されているのだ。特別あつかいをしぶる志向、一般的規範をもとめる志向、個人の実行行為や能動的支配をこのむ志向、そして最後に、特殊で分析的な関係に入りこもうとする志向、これらは目的合理的行為のサブシステムのなかで、事実上、それと対立する志向よりも、つよく要求されるものなのである。

わたしは、マックス・ヴェーバーが〈合理化〉と名づけたものをあらたに定式化するために、パーソンズとヴェーバーにともども見られる主観的な概念をとびこして、あらたなカテゴリーの枠組を提起したい。わたしは労働と相互行為を根本的に区別することからはじめよう。[*10]

〈労働〉もしくは目的合理的行為ということばでわたしが理解するのは、道具を用いた行為ないし合理的選択ないし両者の結合したものである。道具を用いた行為は、経験的知識に基礎をおく技術的な規則にしたがっておこなわれる。それは、どんな場合にも、観察可能な物理的ないし社会的出来事にかんする一定の予測のもとにはじめられる。予測は、あたるかはずれるかのどちらかである。他方、合理的選択は、分析的知識に基礎をおく戦略にしたがっておこなわれる。それは、上位規則（価値体系）や普遍的公準から派生する命題をふくんでいて、この命題は、その派生のしかたがただしいかまちがっているかのどちらかである。目的合理的行為は、あたえられた条件のもとで一定の目標を実現する。だが、道具を用いた行為の組織する手段は、現実を有効に統制できるかどうかによってその当否が測られるのにたいして、戦略的行為が行為の可能な二者択一をただしく評価しているかどうかは、価値と公準のたすけをかりておこなわれる演繹が正確かどうかによって測るしかない。

他方、コミュニケーション行為ということばでわたしが理解するのは、記号に媒介された相互行為である。それは強制力のある通有の規範にしたがうものだが、この規範は相手の行為にたいする期待に一定の枠をはめるものだから、すくなくともふたりの行為主体によって理解され承認されなければならない。社会的規範は種々の制裁にささえられて力をえ、その意味は日常会話のうちに客観化される。技術的な規則や戦略の妥当性が、経験的にただしい命題か分析的に正確な命題の妥当性に依存するのにたいして、社会的規範が妥当するかどうかは、その意図するところが相互に了解されているかいなかにかかっており、規範の拘束力が一般に承認されるとき、はじめてそれは安定したものとなる。規則違反はふたつの場合にそれぞれ異なった結果をもたらす。確証された技術的規則やただしい戦略に違反する無能なふるまいは、所期の目的が達成できないという事実によって、おのずから失敗を宣告される。〈罰〉は、いわば現実に座礁するというかたちであらわれる。他方、通有の規範に違反する逸脱したふるまいは、習慣によってたまたま規則にむすびついている制裁をひきずりだす。目的合理的行為の規則は学習されるもので、それはわれわれを熟練へと導くが、内面化される規範は、われわれを個性の構造へと導く。熟練は問題解決の能力をあたえるが、動機づけが形成されると、規範に則って行動できるようになる。つぎの表はこうした規定を要約したもので、さらにくわしい説明はここでは省略せざるをえない。いちばん左の欄はさしあたりわれわれの考慮の外にあるけれども、わたしがどんな課題を解決しようとして労働と相互行為の区別をもちだしたかをしめすために、あわせてかかげることにした。

われわれはふたつの行為類型にもとづいて、目的合理的行為が優勢な社会システムと、相互行為が優勢な社会システムとを区別することができる。社会の制度的枠組は、言語に媒介された相互行為を支配する規範からなっている。だが、マックス・ヴェーバーの例をなおもひきあいにだしていえば、目的合理的行為の命題を制度の中心にすえた経済システムや国家

	制度的枠組。記号に媒介された相互行為	目的合理的（道具的、戦略的）行為の体系
行為を導く規則	社会的規範	技術的規則
定義の水準	相互主体的に共有される日常語	文脈にはめこまれない言語
定義の方法	行為にたいする相互の期待	限定された予測 限定された命令
獲得の機構	役割の内面化	熟練と資格の習得
行為類型の機能	制度の維持（相補的強化にもとづく規範の同等性）	問題解決（目的－手段の関係で定義される目標の達成）
規則違反にたいする制裁	習慣的制裁にもとづく処罰。権威の失墜	失敗。現実における座礁
〈合理化〉	解放、個性化。支配権力から自由な交流の拡大	生産力の上昇。技術的処理能力の拡大

装置のようなサブシステムも存在する。他方の側には、家族や血縁関係のような、おおくの課題や熟練をふくみつつも、相互行為の道徳的規則に主たる基礎をおくサブシステムが存在する。そこでわたしは分析の水準では一般に、一、社会の制度的枠組ないし社会文化的生活世界と、二、そこに〈うめこまれた〉目的合理的行為のサブシステムとを区別したい。行為が制度的枠組によって決定されるかぎり、それは、是認をうけつつ相互に限定しあう行為の期待によって、同時に統制され強制される。反対に、行為が目的合理的行為のサブシステムによって決定されるかぎり、それは道具的行為ないし戦略的行為の範型にしたがう。それが一定の技術的規則や期待された戦略にしたがうはずだという十分たしかな保証は、むろんつねに制度化を通じてのみあたえられる。

マックス・ヴェーバーの〈合理化〉の概念は、こうした区別の援用によって、あらたに定式化される。

4

〈伝統的社会〉とは、一般に高度な文化（文明）の基準に適合するすべての社会システムにかぶせられる名称である。それは人類の発達史における一定の段階をいいあらわしている。それを原始的な社会から区別する特質は、一、中央集権的な支配権力の存在（部族組織にたいする国家的支配組織）、二、社会経済的階級への社会の分裂（血縁関係の基準によるのではなく、どの階級に帰属するかに応じて、それぞれの個人に社会的な負担と報酬をふりあてるという方式）、三、なんらかの中心的な世界像（神話、高度な宗教）が支配の正当化という目的に有効に働いているという事実、以上の三つである。高度な文化は、直接の基本的必要をみたす財貨を超えた余剰生産物の生産を可能にするところの、比較的発達した技術と社会的生産過程の分業組織にもとづいてうちたてられる。高度な文化の存在は、余剰生産物の産出とともにはじめてあらわれた問題、つまり、富と労働を血縁組織の使用していた基準とはべつの基準にしたがって、不平等に、しかし合法的に分割する、という問題が解決されたとき、はじめて可能となる[*11]。

われわれの議論にとって重要なのは、農耕および手工業に依存する経済を土台とした高度な文化においては、技術革新と組織の改良が、さまざまに次元のちがいはあるにせよ、一定の限界内でしかおこなわれなかったという事態である。伝統的社会における生産力の発展の限界をしめす指標として、およそ三百年前までは、どんなおおきな社会システムも、ひとりあたり年間二〇〇ドル以上のものを生産したことがなかった事実をあげることができよう。前資本主義的生産様式、前工業的技術、前近代的科学という固定した範型のもとでは、制度的枠組と目的合理的行為のサブシステムとのあいだに、ひとつの典型的な関係がうまれる。つまり、社会的労働のシステムと、そこに集積された技術的に使用可能な知識の総量から出発して発展していく、目的合理的行為のサブシステムは、それ相当の進歩をとげつつも、その〈合理性〉が支配を正当化する文化的伝統の権威を明白におびやかすほどには、けっして拡大することがないのである。〈伝統的社会〉という表現は、現実の総体を——社会をも宇宙をも——神話的ないし宗教的ないし形而上学的に解釈する体制正当化の理論にうたがいのさしはさまれることがなく、そうした確固たる基礎のうえに制度的枠組がすえられていることを示唆している。〈伝統的〉社会は、目的合理的行為のサブシステムの発展が、体制正当化に有効に働く文化的伝統の枠内にとどまるかぎりで存続するのだ。[*12] このことこそ制度的枠組の〈優位〉の根拠をなすもので、伝統的社会は、生産力の過剰な潜在力の結果生ずる構造改革を排除しはしないが、伝統的な正当化の形式を批判的に解消することはゆるさない。攻撃不可能というこの性格は、近代化の敷居を超えた社会と伝統的社会とを区別する有意義な基準となる。

かくて〈優位の基準〉は国家として組織された階級社会の状態すべてに適用できることになる。じっさい、そうした階級社会の特徴は、主体が相互に分有する〔現存支配秩序を正当化する〕伝統の文化的妥当性が、道具的ないし戦略的目的‐手段関係のもつ普遍妥当的な合理性の尺度にもとづいて明確に効果的に問われることがない、という点にあるのだ。資本主義的生産様式を通じて、恐慌はあるにせよ、長期間持続する労働生産性の増加を保証する規則的な機構が経済システムにもたらされたのちにはじめて、あらたな工業技術やあらたな戦略の導入、つまり、技術革新そのものが制度化されるのである。資本主義的生産様式は、マルクスやシュンペーターがそれぞれに提起したように、目的合理的行為のサブシステムの永久的な拡大を保証しつつ、伝統的社会に見られた、生産力にたいする制度的枠組の〈優位〉をくつがえす機構と、とらえることができる。資本主義的生産様式こそ、世界史上はじめて自律的な経済成長を制度化したものであり、はじめて工業主義《インダストリアリズム》をうみだしたものであった。この工業主義はのちに資本主義の制度的枠組からきりはなされ、資本の私的利用の機構とはべつの機構のもとでうちかためられるけれども。

伝統的社会と近代化の過程にはいった社会との境界線の性格は、生産力の相対的発展が圧力となって制度的枠組に構造変化が生ずる、という点にあるのではない。それは人類の発達史をそもそものはじめから支配してきたしくみである。境界線上に生じたあたらしい事態とは、むしろ、目的合理的行為のサブシステムの拡大を恒久化し、もって、宇宙論的世界解釈による支配の正当化という高度な文化形式を疑問視するにいたる、生産力の発展ぶりである。かつての神話的・宗教的・形而上学的世界像は、相互行為の連関の論理にしたがい、共同生活と個人の生活史上の、人間にかかわる中心的な問題に解答をあたえてきた。その主題は、正義と自由、暴力と抑圧、幸福と満足、貧困と死であり、そのカテゴリーは、勝利と敗北、愛と憎悪、救済と永劫の罰であり、その論理は、ゆがんだコミュニケーションの文法と、分裂した記号および抑圧された動機の運命的な因果性につきしたがうものであった。[*13] コミュニケーションの行為にむすびついた言語活動の合理性は、近代の入口にきた時点で、道具的ないし戦略的行為にむすびついた目的-手段関係の合理性に面とむかうことになる。この対面は、伝統的社会の終焉のはじまりをつげるもので、支配を正当化する形式はもはや役に立たなくなる。

資本主義とは、こうした問題を提起しかつ解決する生産様式、と定義されている。そこに見られる支配の正当化の形式は、もはや文化伝統の高みからよびおろされるのではなく、社会的労働という土台からよびあげられる。私的所有者が商品を交換する市場、それには、財産なき私人がみずからの労働力を唯一の商品として交換する市場もふくまれるが、そういう市場制度は、公正な等価交換関係を約束する。このブルジョア・イデオロギーは、コミュニケーション行為の関係さえも、相互性のカテゴリーを用いて、支配を正当化する基礎にすえようとする。が、相互性の原理は、いまや、社会的生産過程および再生産過程そのものの組織原理となっている以上、以後、政治支配権力は（文化的伝統をひきあいにだすことによって）〈上から〉正当化されるのではなく、〈下から〉正当化されることになる。

　社会経済階級への社会の分裂は、そのときどきの重要な生産手段が特殊な集団に分配されることによって生じ、しかも、この分配はさらにさかのぼって社会の権力関係の制度化から生じるのだが、この事実から出発すれば、社会の制度的枠組は、すべての高度な文化において、政治的支配システムと一体化していたことを認めねばならない。伝統的支配は政治的支配だったのだ。資本主義的生産様式があらわれるにいたってはじめて、制度的枠組の正当化が社会的労働のシステムと直接むすびついておこなわれる。資本主義社会になってはじめて、それまでは政治的関係をあらわしていた所有の秩序が生産関係をあらわすものとなる。つまり、それを正当化するのは市場の合理性、交換社会のイデオロギーであって、もはや合法的な支配秩序ではないのである。むしろ支配のシステムのほうが合法的な生産関係によって正当化されるので、それこそが、ロックからカントにいたる合理的な自然法の本来の内容をなすのである。[*14] 社会の制度的枠組は直接には経済的なもので、たんに間接的に政治的たるにすぎないのだ（〈上部構造〉としてのブルジョア的法治国家）。

以前の生産様式にたいする資本主義的生産様式の優位は、つぎの二点を根拠としている。第一に、目的合理的行為のサブシステムを持続的に拡大していく経済機構の整備、第二に、支配のシステムを、サブシステムの発展によって生ずる合理性の要求に適合させうるような、経済的正当化の形態の創出。この適合過程をマックス・ヴェーバーは〈合理化〉ととらえるが、そこには〈下からの〉合理化と〈上からの〉合理化というふたつの傾向を区別することができる。

一方で商品と労働力の地域的交換が制度化し、他方で資本主義的企業が制度化して、あたらしい生産様式が浸透してくると、適合を要求する圧力はたえず下から、おこってくる。社会的労働システムのなかでは、生産力の累積的発展と、それにもとづく目的合理的行為のサブシステムの平面的拡大が——むろん経済恐慌を代償として——保証されている。そうした展開をとおして、伝統的な関係はしだいに道具的ないし戦略的合理性の条件下におかれることになる。労働と経済的交換の組織、輸送、報道、通信ネットワーク、私法の制度、財務行政を発生源とする国家官僚機構などが力を発揮し、かくて、社会の下部構造が近代化を強制される。それはしだいに生活の全領域を、軍隊、学校制度、公衆衛生制度、そして家族すらもとらえ、都市と地方の区別なく生活形態つまり下位文化を強引に都市化し、各個人がいつでも相互行為の連関から目的合理的行為へと心を〈きりかえる〉ことができるよう訓練するのである。

下からの合理化の圧力に呼応して、上からも合理化の強制力が働く。けだし、支配を合理化し行動の指針をあたえる伝統、とりわけ宇宙論的世界解釈は、目的合理性というあたらしい尺度のもとではその拘束力をうしなうからである。マックス・ヴェーバーが世俗化と名づけた現象は、それが一般化していくこの段階では、三つの局面をしめす。伝統的な世界像や対象像は、一、神話として、公的宗教として、習慣的な儀礼として、体制を正当化する形而上学として、うたがう余地のない伝統として、力や効果を発揮することはもはやない。かわりにそれは、二、主観的な信仰力や倫理にすがたをかえて、近代的な価値志向の拘束力を私的にたかめる役割をはたす（〈プロテスタンティズムの倫理〉）。そしてそれは、三、伝統を批判し、同時に形式的な法関係と等価交換（合理的自然法）の原理にもとづいて、ばらばらになった伝統の素材を再組織するという二重の働きをもった構造へとつくりかえられる。以前の正当化の形式が破損したあとに登場する、あらたな形式は、一方で、伝統的世界解釈の独断性を批判し、解釈の科学的性格を要求するが、他方ではしかし、体制正当化の機能を保持しているので、現実の権力関係が分析され公然と意識されることにたいしては、これを阻害しようとする。こうした経過をたどってはじめて、狭義のイデオロギーが発生する。それは、近代科学の要求とともに登場し、イデオロギー批判によってみずからを正当化することで、伝統的な支配正当化の形式にとってかわるのだ。イデオロギーはイデオロギー批判とおなじ根から発する。その意味では、前ブルジョア的な〈イデオロギー〉といったものはありえないのである。

こうした連関のなかで、近代科学は独特の機能をはたしている。ふるい型の哲学的科学とちがって、ガリレイの時代以降の近代的な経験科学は、技術的処理の可能性という先験的な視点を反映した方法論的関連体系のなかで展開されている。したがって、近代科学のうみだす知識は、（主観的意図はともかく）その形式からすれば、技術的に利用できる知識である。もっとも、じっさいに応用の機会があるかどうかは一般に知識がうみだされたあとにならないとわからないけれども。科学と技術の相互依存関係は一九世紀後半まで成立していなかった。近代科学はそのときまで、技術の発展を促進するのに貢献しなかったし、したがって下からの合理化の圧力に応えなかった。近代化の過程にたいする近代科学の貢献は、むしろ間接的である。あたらしい物理学は、自然と社会を自然科学にあうように哲学的に解釈するもので、一七世紀の機械論的世界像をいわば誘導したのである。古典的な自然法の再構成は、こうした枠組のなかで着手された。そこにうまれた近代的な自然法は、一七、一八、一九世紀のブルジョア革命の基礎をなすもので、それによって支配の正当化のふるい形式は最終的に破壊されたのである。[*15]

5

一九世紀中葉までに、イギリスとフランスには資本主義的生産様式がひろく浸透していたから、マルクスは、社会の制度的枠組を生産関係のうちに再認識し、同時に、等価交換という体制正当化の基礎を批判することができた。かれはブルジョア・イデオロギーの批判を経済学というかたちで展開した。かれの労働価値説は、自由な労働契約という法制度が、賃労働の基礎にある社会権力関係を、自由の仮装のもとにおおいかくしていることを暴露した。ところで、マルクーゼがマックス・ヴェーバーを批判するのは、ヴェーバーがこのマルクスの洞察を無視して、合理化という抽象概念に固執していること、そしてその概念によって、目的合理的行為のサブシステムの進展に制度的枠組が適合していく際の、階級的に特殊な内容をあらわにするよりもむしろ、いまいちど隠していること、そういう点が問題であった。マックス・ヴェーバーの当面する後期資本主義社会には、マルクスの分析はもはや無条件には適用できないことを、マルクーゼは知っている。だがマックス・ヴェーバーの例でかれがしめそうとしたのは、自由主義的な資本主義があらかじめ概念的にとらえられていなければ、国家に規制された資本主義の枠内での現代社会の展開は概念的に把握できない、という事実であった。

一九世紀の最後の四半世紀以来、進歩した資本主義国にはふたつの発展傾向が認められる。一、体制の安定を確保するための国家の干渉活動の増大。二、科学を第一次生産力たらしめる、研究と技術の相互依存関係の増大。このふたつの傾向は、自由主義的資本主義の特徴をなしていた、制度的枠組と目的合理的行為のサブシステムとの配置を破壊する。それとともに、マルクスが自由主義的資本主義にかんして提起したときには正当だった経済学のとらえかたに、本質的な適用条件の変更がもたらされる。技術と科学はこんにち支配を正当化する機能をもひきうけている、というマルクーゼの基本テーゼは、わたしには、事態の変化を分析する鍵をあたえてくれるように思える。

国家の干渉を通じての経済過程の持続的規制は、放任された資本主義が、体制をおびやかす機能障害におちいるのをふせぐ必要からうまれたものだが、こうした資本主義の事実上の発展は、支配権力から解放された、権力を中性化するブルジョア社会という本来の理念に、あきらかに反していた。マルクスが理論的に暴露した公正な交換という基本イデオロギーは、実践的に瓦壊した。私経済的な資本利用の形式は、国家が、社会政策や経済政策というかたちで、流通の安定を調整することによってのみ維持された。社会の制度的枠組がふたたび政治化されたのだ。こんにちの制度的枠組は、もはや生産関係と直結するものでもないし、資本主義的経済取引の安全を確保する私法秩序や、それに対応するブルジョア国家の一般的な秩序の確保とも直結しない。だが、それとともに経済システムと支配システムとの関係にも変化が生じ、政治はもはやたんなる上部構造とはいえなくなっている。社会が、国家に先行し、国家の基礎をなす領域として〈自律的に〉、自己制御的に維持されるということ――それこそは資本主義的生産様式の本来的なあたらしさだったが――そういうことがもはやなくなったとすれば、社会と国家がマルクスの理論で規定された、土台と上部構造の関係をたもちつづけるはずはない。そうするとしかし、社会にかんする批判的理論がもっぱら経済学批判という形式で遂行される、ということもなくなる。社会の経済的な運動法則だけを方法的にとりだす観察方法が、社会の生活連関を本質的なカテゴリーのうちにとらえうると主張できるのは、政治が経済的な土台に依存し、逆に経済的土台は、国家の活動や政治の舞台にまでのぼった対立に、その一関数としてまきこまれてはいない、という場合にかぎられる。経済学批判は、マルクスによれば、イデオロギー批判としてのみブルジョア社会の理論たりえた。だが、公正な交換というイデオロギーが崩壊すれば、生産関係を批判しても、それはもはや直接には支配システムの批判とはなりえないのだ。

公正な交換というイデオロギーが崩壊したのちには、政治的支配権力にはあらたな正当化の理論が必要になる。いまや、交換過程に間接的に力をおよぼす権力は、それ自身、国家以前に組織され国家として制度化された支配権に統制されるから、正当化の理論を、もはや、生産関係という非政治的な秩序からひきだすことはできない。そのかぎりで、資本主義以前の社会に存在していた強制力が、直接の正当化の論拠としてふたたびもちだされる。他方、直接の政治的支配権を（文化的伝統にもとづく正当化という伝統的形式のもとで）ふたたびうちたてるのは不可能となっている。一方で伝統はともかくも無力なものとなっているが、他方、高度工業社会では、直接の政治支配権力からのブルジョア的解放の結果（基本的権利と普通選挙制度）が完全に無視されるのは、反動の時代以外にはない。国家に規制された資本主義システムのなかで、形式民主主義的支配権力のもとめる正当化の論拠は、もはや、ブルジョア以前の正当化の形式にたちもどることによってえられるものではない。そこで、自由な交換というイデオロギーにかわって登場するのは、市場制度の社会的結果に目をむけるのではなく、自由な交換取引の機能障害を補償する国家の活動の社会的結果に目をむけた、補償プログラムである。それは、ブルジョア的な業績中心のイデオロギー（いうまでもなく、市場での個人的業績に応じて地位身分を指定するという考えは、学校制度にもおよんでくる）という契機と、最低限の福祉の保障や労働市場の確保および安定した収入への期待とをむすびつけたものだ。この補償プログラムにおいて支配システムに義務づけられるのは、社会の安寧と個人の上昇の機会を保障する全体システムの安定条件を維持し、成長の危機を予防することである。そのためには国家の干渉の働く余地がなければならないが、この干渉は、私法制度を制限することによって、私的な資本利用の形式を確保し、この形式に大衆の忠誠をつなぎとめるのである。

ところで、国家の活動が経済システムの安定と成長にむけられているかぎり、政治は独特の否定的な性格をおびる。政治のめざすところは機能障害の除去とシステムをおびやかす危険の防止であり、したがって、実践的な目標の実現ではなく、技術的な問題の解決である。

クラウス・オッフェは今年度のフランクフルト社会学会によせた論稿のなかで、この点にふれている。「経済と国家のこうした関係構造のなかで、〈政治〉はつぎつぎとあらたにあらわれる〈回避命令〉につきしたがう行動へと退化している。その際、政治システムにながれこむ大量の精密な社会科学的情報を通じて、危険地帯の早期発見や現下の危害の処理が可能となる。この構造のあたらしい点は、……高度に組織された市場での私経済的資本利用の機構にはめこまれてはいるが、しかし操作可能な安定の危機にたいし、それを現存の正当化の指令（すなわち補償プログラム）に調和させうるかぎりで、予防方策と措置が講じられねばならない、という点にある。[*16]」

オッフェの見るように、こうした予防方策をめざす国家の活動は、行政的に解決可能な技術的課題だけをめざすもので、実践的な問題はいわばぬけおちている。実践的な問題は除去されるのだ。

ふるい型の政治は、そもそも実践的な目標と関係することによってしか、支配を正当化することができなかった。〈よき生活〉の解釈は人間相互の行為連関をどうするかにむけられていた。ブルジョア社会のイデオロギーについても、なおそのことはあてはまる。これに反して、こんにち支配的な補償プログラムは、ある制御システムを働かすかどうかに関係するのみである。実践的な目標は排除され、それとともに、民主的な意志形成をおこなおうとするときにのみ可能となるような、規範の採用の可否にかんする議論も排除される。技術的課題の解決は公開の討論を必要としないのだ。公開の討論はむしろ、国家活動の課題が技術的なものに終始するというシステムの限界条件を、問題としてうかびあがらせるおそれがある。国家の干渉を旨とするあたらしい政治は、それゆえ、国民大衆の脱政治化を要求する。実践的な問題が排除されるに応じて、政治的な世論の働く余地もなくなってくる。他方、社会の制度的枠組はつねになお、目的合理的行為のシステムそのものとは異なっている。制度的枠組をどう組織するかは、依然としてコミュニケーションにむすびついた実践の問題であって、科学をどう考えようと、科学に導かれた技術の問題として片付けられはしない。したがって、政治支配のあたらしい形式の出現とともに実践が除外されるというのは、自明の事柄ではない。支配を正当化する補償プログラムは、大衆の脱政治化をいかにして大衆にうけいれさせるか、という決定的な正当化の要求に応えなければならない。マルクーゼなら、技術と科学がイデオロギーの役割をもひきうけることによって、大衆の脱政治化を完成するのだ、と答えるかもしれない。

6

一九世紀以来、技術の科学化という後期資本主義を特徴づけるもうひとつの発展傾向が、いよいよ顕著なものとなってきた。あらたな技術の導入によって労働生産性を向上させる、という制度的強制力は、資本主義のもとではつねに働いている。だが、技術革新は、経済的に誘導されたものであるとはいえ、なお自然発生的な性格をうしなわない散発的発明に依存していた。が、近代科学の進歩にともない、技術の発展をフィードバックできるようになるにつれて、事情はかわってきた。大規模な工業研究にともなって、科学と技術と応用とが一体化された。その間に、工業研究は、軍事面での科学技術の進歩の促進を第一義とする、国家の委託研究とむすびつく。さまざまな情報が、そこから、民間の商品生産の領域へとながれこむ。こうして、科学と技術は第一次生産力となり、マルクスの労働価値説の適用条件をみたさないものとなる。科学技術の進歩が、独立した剰余価値の源泉となり、それにくらべて、マルクスが視野においた、剰余価値の唯一の源泉たる直接生産者の労働力が、だんだん重きをなさなくなる、という事態のもとでは、研究と開発のための投下資本総額を、無資格の（単純な）労働力の価値を基準として測ることは、もはや意味のあることではない。[*17]

社会的生産をいとなむ人間の合理的決定と道具を用いた行動に照らして、生産力を直観的に確定するものとすれば、生産力は増加する技術的処理能力を潜在的にふくむものと理解できるが、しかし、生産力はそれをささえる制度的枠組と混同されてはならない。けれども、その潜在的労働力は、科学技術の進歩が制度化されるとともに、労働と相互行為の二重性の意識を退化させるようなひとつの形態を獲得する。

たしかにいまでも、技術的進歩の方向性、機能、速度を決定するのは、社会的な利害関係である。しかし、この利害関係は、社会システム全体の本質をなすもので、システムの維持をめぐる利害関係とかさなりあっている。資本利用の私的形式と、忠誠を確保する社会的補償の分配方式は、正面から議論されることはない。ここでは、科学と技術のなかば自律的な進歩が独立変数としてあらわれ、体系内の個々の変数のうちでもっとも重要な経済成長という変数は、事実上、科学技術の進歩に依存することになる。こうして、一見すると、社会システムの発展が科学技術の進歩の論理に規定されているかのような情景があらわれてくる。つまり、この進歩から内在法則的に物的強制がうみだされ、機能的要求に応ずる政治は、その強制にしたがわざるをえないように見えるのだ。だが、この幻想がじっさいに固定したものになると、技術や科学の役割を宣伝の材料としてひきあいにだしつつ、なぜ現代社会では実践的な問題にかんする民主的な意思決定過程が効力をうしない、行政官がしつらえたいくつかの管理方式のどれをえらぶかを国民投票で決定するというやりかたにとってかわられ〈ざるをえない〉か、その理由を説明し正当化することができる。[*18] この技術至上主義《テクノクラシー》のテーゼは、学問の水準ではさまざまないいかたで展開されている。が、それよりも重要だと思えるのは、それが、背景イデオロギーとして、脱政治化された国民大衆の意識にもはいりこみ、支配を正当化する力をふるうことである。[*19] このイデオロギーは、コミュニケーション行為の関連体系や、記号に媒介された相互行為の概念にかんする社会の自己了解をさまたげ、それらの体系や概念のかわりに科学的なモデルを提出するうえで、独特の効力を発揮する。このイデオロギーの浸透につれて、人間は、社会的な生活世界にかんして文化的に自己了解することができなくなり、反対に、目的合理的行為と適応行為というカテゴリーのもとに物象化されていくのである。

社会の計画的再建のためのモデルは、システム研究からひきだされている。個々の企業や組織、あるいはまた政治的ないし経済的な部分システムや社会システムの全体を、自己制御のシステムを範型として把握分析することは、原理的に可能である。サイバネティックスの連関の枠組を分析の目的のためにつかうことと、あたえられた社会システムをこの範型に即して人間機械システムとして整理することは、たしかにべつの事柄である。しかし、分析のモデルを社会組織の水準に転移する傾向は、もともとシステム研究そのもののうちにふくまれているのだ。こうした社会システムの、本能にちかい自己安定化の志向をたどっていけば、行為の二類型のうちの一方の構造、つまり、目的合理的行為の機能範囲が、制度的な共同性の連関に優位するばかりでなく、コミュニケーション行為そのものをしだいに吸収していく、といった独特の情景があらわれる。アルノルト・ゲーレンにならって、目的合理的行為の機能範囲が人間組織の実体からしだいにはなれ、機械の水準に転移されることのうちに、技術的発展の内的論理を見ようとすれば、技術至上主義にかたむくそうした志向は、技術的発展の最終的段階だと理解することができる。人間は、homo faber〔工作する人〕であるかぎりで、はじめて自分自身を客体化し、生産物となって自立化した自分の行為と対峙しうるというだけでなく、目的合理的行為の構造が社会システムの水準に投射されたあかつきには、homo fabricatus〔工作される人〕として、技術的装置のうちにみずから統合されもするのである。これまではもうひとつの行為類型によって担われてきた社会の制度的枠組が、この考えにしたがえば、その枠組に根ざした目的合理的行為のサブシステムによって、いまや逆にすいあげられてしまうというのだ。

たしかに、この技術至上主義的志向は、萌芽としてすらどこにも実現されてはいない。しかし、それは、一方では、あらたな政治が実践的な問題を除外して、技術的な課題だけに目をむけるとき、そうした政治を擁護するイデオロギーの役目をはたしているし、他方では、われわれが制度的枠組と名づけるものを徐々に侵蝕していくような発展的傾向をともかくもたどっている。権威主義国家のあからさまな支配は、技術操作的行政の巧妙な強制にとってかわられる。承認された秩序の道徳的完成や、ことばに表現された意味にもとづき、規範の内面化を前提とするコミュニケーション行為は、いよいよもって条件づきの行動様式にとってかわられ、大組織そのものはますます目的合理的行為に似た構造をしめすようになる。高度工業社会は、規範に導かれるというより、外的刺激に操縦される行動制御のモデルに近づくように見える。特定の刺激による間接的管理が、一見主体的自由の領域と見えるところで(選挙、消費、余暇の行為において)、とくにつよまってきている。現代の社会心理学的特徴は、人格の権威主義化にあるよりもむしろ、超自我の脱構造化にある。だが、適応行為の増大は、目的合理的行為の構造のもとで、ことばに媒介された相互行為の領域が消滅していくことを裏面からしめすものにすぎない。そのことに主観的に照応するのは、人間科学だけでなく、人間自身が、目的合理的行為と相互行為の差異を意識しなくなるという事実である。この差異を隠蔽する行為のうちに、技術至上主義の意識のイデオロギー的な力をよみとることができる。

7

うえにのべたふたつの発展傾向のおかげで、資本主義社会はおおきくかわったから、階級闘争とイデオロギーという、マルクス理論の鍵となるふたつのカテゴリーは、もはや無条件にこの社会に適用することができない。

資本主義的生産様式を基礎としてはじめて、社会階級の闘争そのものが構成され、そこからさかのぼって、直接政治的に組織された伝統的社会の階級構造を認識しうる客観条件がうみだされた。国家に規制される資本主義は、あからさまな階級的敵対のうむ体制の危険への反動として生じてきたものだが、この資本主義のもとでは、階級対立は停止する。後期資本主義の体系は、賃金生活者大衆の忠誠を確保する、補償政策と対立回避政策とを本質とするから、私経済的資本利用とともに依然として社会構造に根をはっている対立は、相対的にもっとも顕在化しにくいものとなる。その対立は、おなじ生産様式に条件づけられてうまれながら、もはや階級対立という形式をとることのできない他の対立の背後に隠れてしまう。クラウス・オッフェは、さきの寄稿のなかで、社会的利害をめぐるあからさまな対立は、利益の毀損が体制をおびやかす結果をもたらす危険がすくないほど、かえってかきたてられる、という逆説的な事態を分析している。国家の活動領域の周辺にある諸要求は、潜在したままの中心的対立からとおくはなれたところにあり、したがって、とくに危険で避けなければならないものでもないがゆえに、かえって対立をはらみやすい。不均等に行使される国家の干渉が、発展のおくれた領域をうみだし、それにともなって格差による緊張をうみだすのに応じて、諸要求をめぐる対立も激化する。「生活領域の格差は、主として、技術的・社会的進歩の事実上制度化された水準と、可能な水準との発展段階のちがいによって生ずる。最新の生産施設および軍事施設と、交通、保健、教育システムの組織化の停滞との不均衡は、財政金融政策の合理的な計画管理と、都市や地域の自然発生的な発展との矛盾とならんで、こうした生活領域の格差をしめす周知の事例である。そうした矛盾は、もはや階級間の敵対としては的確に解釈できず、むしろ、依然として支配的な私経済的資本利用の過程、および、特殊資本主義的な支配関係の結果と解釈さるべきである。そこに支配的な利害は、どこに位置づくかはっきりしないままに、資本主義経済の確立された機構にもとづいて、重大な危険をうみだす安定条件の毀損にたいしては、これを防止する姿勢をとるものである。」

生産様式の維持に執着する利害は、もはや階級利害として社会システムのなかに〈一義的に位置づける〉ことができない。というのも、体系危機の回避をめざす支配システムは、まさに（直接政治的支配ないし経済的に媒介された社会的支配という意味での）〈支配〉を排除し、ひとつの階級主体が、もうひとつの階級主体にたいして、同定できる集団として対等にむかいあう、というかたちで支配は行使されるからである。

それは階級対立の止揚ではなく、潜伏を意味する。特殊に階級的な差異は、準文化的伝統や、それにともなう生活水準や生活習慣のちがいという形式で、のみならず、政治的立場のちがいという形式で、いまもなお存続している。くわえて、社会構造的に見れば、賃金生活者の階級のほうが他の集団よりも社会的格差の影響にさらされる確率がたかい。そして最後に、生活の直接の見とおしをたてる、という水準でシステムを維持しようとする一般的な利害関係は、こんにちもなお特権的構造とつながっていて、生きた主体から完全に独立した利害という概念は、なりたちようがないのだ。だが、国家に規制された資本主義における政治支配は、システムへの危害を防止しつつ、補償の分配をおもてむき公平に維持するという、階級の潜在的限界を超えた利害をひきうけている。

他方、対立の場を階級間の境界から、社会的に抑圧された生活領域にうつしたからといって、対立の潜在力のおもみはとりのぞかれはしない。合衆国における人種対立の極端な例がしめすように、特定の地域や集団のなかに社会的格差の結果が蓄積され、内乱に類する爆発をもたらすことがある。だが、こうした社会的抑圧から生ずる対立の特徴は、それがべつの起源をもつ潜在抵抗勢力とむすびつかないかぎり、体制を、形式民主主義とはもはや両立しない極端な反動へとおしやることはできても、真にくつがえすことはできない点にある。それは、抑圧された集団が社会階級ではないからである。その集団は潜在的にも国民大衆を表現してはいない。体制はかれらの労働で生きているわけではないから、かれらの権利剝奪や窮乏は搾取と同列にはあつかえないのだ。ひょっとして、それは搾取の過去の局面をあらわしているかもしれない。しかし、かれらが正当な要求をもっても、体制への協力拒否を武器に、要求を相手に強要することができず、したがって、要求は訴えの性格しかもたない。その正当な要求をながく放置しておけば、被抑圧集団は、極端な場合、自暴自棄の破壊と自滅の反撃にでるかもしれないが、そこに特権集団との同盟関係が成立しないかぎり、そうした内乱には、階級闘争のもつ革命的成功の機会があたえられていないのである。

いくつかの制限をつければ、このモデルは、先進工業社会と第三世界のかつての植民地地域との関係にも適用することができる。ここにもまた、格差の増大に由来する社会的抑圧の形式が生じているが、それとても、将来は搾取のカテゴリーでとらえることがいよいよ困難となるはずである。むろん、この場面に直接あらわれているのは、経済的利害ではなく軍事的利害である。

いずれにせよ、後期資本主義社会における下層集団と特権集団の対立は、社会的抑圧の境界が、一般になお特定の集団に特殊なもので、国民全体を二分するものでない以上、社会経済的階級の対立としてあらわれることはない。こうして、あらゆる伝統社会に存在し、自由主義的資本主義そのもののうちにも生じてきた根本的な関係、つまり、暴力、経済的搾取、政治的抑圧の制度化された連関のもとでの二階級間の階級対立は、イデオロギー的な隠蔽を策する正当化理論を疑問視できないほど人間相互のコミュニケーションがゆがめられ制限されている、という事情も手伝って、調停されてしまう。ヘーゲルのいう生活連関の全体的共同性は、ひとつの主体と他の主体が、たがいに相手の必要を満足させられないために分裂することになるが、このモデルは、組織的な後期資本主義社会の調停された階級関係をとらえるのにふさわしいものではない。共同体の弁証法の停止は、世界が歴史以後の時代に入っているという独特の幻想をもたらす。幻想の根拠は、生産力が相対的に向上しても、そこから必然的に、現存支配秩序の正当性を破綻させるような、氾濫する解放的な潜在力があらわれてこないことにある。というのも、いまや第一次生産力たる科学技術の進歩そのものが国営となり、正当化の根拠を提供しているからである。このあたらしい正当化の形式は、むろん、イデオロギーというふるい形態をとることはもはやない。

技術至上主義の意識は、一方で、利益の満足をただごまかすだけの不透明な隠蔽力をもたないから、先行するどのイデオロギーよりも〈イデオロギー性がすくない〉といえる。他方、科学を物神化する背景イデオロギーは、かつてはもろいものであったが、いまや支配的なイデオロギーとなり、旧式のイデオロギーよりも強固で広範囲のものとなっている。というのも、そのイデオロギーは、実践的な問題をおおいかくすことによって特定階級の部分的な支配の利益を正当化し、他の階級の部分的な解放の欲求を抑圧するばかりでなく、解放をめざす人類全体の利害にねらいをつけてくるからである。

技術至上主義の意識は、空想的欲望の合理化されたものでもなければ、相互行為の連関がイメージされたり、根拠をもって構成されたりする、フロイトのいう意味での〈幻想〉でもない。ブルジョア・イデオロギーは、まだしも支配から自由な、支配者・被支配者の双方を満足させる、正当な相互行為という基本像をよりどころとしていた。ブルジョア・イデオロギーは、まさに、抑圧によってコミュニケーションを制限し、かつて資本関係とともに制度化された暴力関係がそれと名ざされないようにすることにより、欲望充足と満足な補償という基準をみたしてきた。分裂した記号と無意識の動機にうながされて、虚偽の意識もうみだされるが、同時に、イデオロギー批判にむかう反省力もうみだされるといったことは、技術至上主義の意識については、もはやそのままではあてはまらない。それはもはやたんなるイデオロギーではないから、反省によってとらえることがむずかしい。というのも、それが表現するのは、もはや、わるい現実と、同一視されないまでもすくなくも潜在的には十分につながりうる、〈よき生活〉の計画ではないからである。たしかに、このあたらしいイデオロギーは、ふるいイデオロギーと同様、社会的基礎の主題化をさまたげる働きをする。かつては社会的暴力が資本家と賃金労働者との関係の根底にあり、こんにちでは構造的な諸条件によって、資本利用の私経済的形式、および大衆の忠誠を確保する分配の政治的形式というシステム維持の課題は、あらかじめ決定される。だが、ふるいイデオロギーとあたらしいイデオロギーは、ふたつの点で異なっている。

　第一に、資本関係は、こんにち、忠誠を保障する政治的分配様式をまもらねばならないから、がむしゃらに搾取や抑圧をすることができなくなっている。いまもなお存在する階級対立を潜在化させるには、まずその根底にある抑圧を歴史的に意識化し、しかるのちにそれを修正し、システムの特性として安定させなければならない。したがって、技術至上主義の意識は、ふるいイデオロギーのように、全体的な弾圧に依拠することはできない。他方、大衆の忠誠は、かれらの私的な必要の補償をたすけることによってしか手にいれることができない。体制を正当化する施策の解釈は、原理的に政治的なものであってはならないのだ。解釈の眼目は、直接には、使用法を問わない貨幣と労働外時間の分配にむけられ、間接的には、実践的問題の排除を技術至上主義的に正当化することにある。かくて、ふるいイデオロギーとあたらしいイデオロギーとのちがいは、後者が共同生活の組織のありかた、したがって、相互行為一般の規範的整序のありかたを正当化の基準とはしなくなり、この意味で正当化の基準を非政治的なものにしていること、それにかわって、目的合理的行為というサブシステムの機能にもっぱら注目すること、この点にある。

技術至上主義の意識が反映しているのは、共同的関係が解体したことではなく、生活関係一般をあらわす〈共同体の倫理〉というカテゴリーが排除されたことである。日常語による相互行為の関連体系のうちには、支配とイデオロギーが、ゆがんだコミュニケーションという条件のもとに成立していて、反省的にそれらを洞察することも可能だが、実証主義的な共通意識はこの関連体系を廃棄してしまう。技術至上主義の意識がよしとする国民大衆の脱政治化とは、同時に、人間が目的合理的行為および適応行為のカテゴリーのうちに客体化されることであり、こうして、科学の物象化のモデルは、社会文化的生活世界に入りこみ、人間の自己了解の場面で客観的な威力をふるう。この意識のイデオロギー的核心は、実践と技術のちがいの消去にある――この消去は、力をうしなった制度的枠組と自立した目的合理的行為のシステムのあいだのあたらしい位置関係を反映してはいても、その本質をとらえた概念ではない。

したがって、あたらしいイデオロギーは、われわれの文化生活をささえるふたつの根本条件のひとつ、つまり言語にかかわる利害関係を、もっと正確には、日常会話に規定された社会化と個体化の形式にかかわる利害関係を、侵害する。この利害関係は、相互主観的な理解の維持にも、支配権力から解放されたコミュニケーションの樹立にもかかわってくる。技術至上主義の意識は、この実践的利害関係を、技術的処理能力の拡大にかまけて、背後におしかくしてしまう。だから、あたらしいイデオロギーに挑戦する省察は、歴史的に規定された階級利害の背後にさかのぼり、おのれを構成する人類そのものの利害連関をあきらかにしなければならないのだ。[*20]

8

イデオロギー概念と階級理論の適用範囲に相対的な限定をつけねばならないとなれば、マルクスの史的唯物論の根本仮定の展開を導くカテゴリーの枠組についても、あらたな定式化が必要となる。生産力と生産関係の連関という概念のかわりに、労働と相互行為の連関というもっと抽象的な概念が提起されねばならないだろう。生産関係という概念は、自由主義的資本主義が発展局面にある場合にかぎり、制度的枠組のはめこまれるひとつの水準をしめすのにもちいられるべきもので、――それ以前にも、それ以後にも、そのままでは通用しないのだ。他方、生産力は、目的合理的行為のサブシステムのうちに組織化された学習行程をうちに蓄積しているもので、たしかに当初から社会発展の原動力ではあったが、しかし、マルクスの考えたように、あらゆる状況のもとで解放の潜勢力《ポテンシャル》となり、解放運動をよびおこすものとなる、というようには見えない――ともかく、生産力の連続的向上が、支配を正当化する機能をもつ科学技術の進歩に依存するようになってからは、そうである。わたしの考えでは、制度的枠組（相互行為）と目的合理的行為のサブシステム（道具を用いた行為や戦略的行為などをふくむ、ひろい意味での〈労働〉とのあいだにある、類似の、しかしより一般的な関係のもとに展開される関連体系のほうが、人類史の社会文化的なはじまりを再構成するには、いっそう適切だと思われる。

中石器時代末までの人類史のながい最初期のあいだは、目的合理的行為が一般に相互行為にむすびつくきっかけは、儀式を通じてしかあたえられなかった、ということをしめすいくつかの証拠がある。目的合理的行為のサブシステムのうち、世俗的領域に属するものは、牧畜と農耕による最初の定住文化のなかでは、解釈行為や主体間のコミュニケーションという行動形式からきりはなされていたように見える。むろん、サブシステムによって技術的に利用可能な知識がうみだされ、その知識が社会的な世界解釈から相対的に独立して貯蔵され拡大されるというほどに、労働と相互行為が区別されるためには、国家に組織された階級社会における高度な文化の成立という条件をまたねばならない。その間に他方では、社会的規範が、支配を正当化する伝統的思考からきりはなされ、〈文化〉は〈制度〉にたいして一定の自立性を獲得した。こうして近代のはじまりを特徴づけるのは、制度的枠組の〈不可触性〉の喪失とともに目的合理的行為のサブシステムを通じてあらわれてきた、かの合理化の過程である。伝統的な正当化の形式は、目的・手段関係の合理性を尺度に批判できるようになる。技術的に使用可能な領域からくる情報が、きそって伝統のうちに入りこみ、伝統的な世界解釈の再構成を強要する。

われわれはこの〈上からの合理化〉の過程を追跡して、科学と技術そのものが実証主義の共通意識という形態をとって——技術至上主義の意識としてきわだちつつ——、解体されたブルジョア・イデオロギーにかわる代替イデオロギーという位置をしめはじめる時点にまでいたった。この時点はブルジョア・イデオロギーの批判とともに到達されるが、それはまた、合理化の概念があいまいになる出発点でもある。このあいまいさはホルクハイマーやアドルノによって啓蒙の弁証法として解読され、そしてその啓蒙の弁証法はマルクーゼによって、技術と科学そのものがイデオロギー的になる、というテーゼにまで尖鋭化された。

人類の社会・文化的発展の基本型を当初から規定したものは、ひとつは、生活の外的条件にたいする技術的処理能力の増加であり、もうひとつは、拡大する目的合理的行為のサブシステムに多少とも受動的に適合していく制度的枠組であった。目的合理的行為は能動的適合の形式をあらわしていて、それによって社会化された主体の集団的自己保存は動物種の種属保存から区別される。われわれは重要な生活条件を統御する方法を、すなわち、外的自然に自分を適合させるだけでなく、環境を文化的に自分の必要に適合させる方法を、知っている。

これにたいして、制度的枠組の変化は、直接・間接に（生産、流通、軍事などの領域における）あたらしい技術や改良された戦略に左右されるから、能動的適合というおなじ形式をとることはない。一般にその変化は受動的適合という基本型にしたがう。それは、計画された、目的合理的な、結果を統御された行為の結果として生ずるのではなく、自然発生的な発展の産物である。けれども、能動的適合と受動的適合とのこの不均衡は、資本主義的発展の力学がブルジョア・イデオロギーによっておおわれているかぎり、ひとびとの意識にはのぼらない。ブルジョア・イデオロギーの批判とともにはじめて、その不均衡がはっきりと意識されるようになる。

この経験をもっとも印象ぶかく証言するものは、いまもなお『共産党宣言』である。マルクスは口をきわめてブルジョア階級の革命的役割を称揚する。「ブルジョアジーは生産手段を、したがって生産関係を、したがって全社会関係を、永続的に革命することなしには、生存することができない。」また別の箇所では、「ブルジョアジーは百年にもみたない階級支配のなかで、過去のすべての世代をあわせたよりももっと大量の、もっと大規模な生産力をつくりだした。自然力の征服、機械装置、工業や農業への化学の応用、蒸気船による航海、鉄道、電信、世界全土の耕作、河川の運河化、地からわいたように出現した人口……。」

マルクスは制度的枠組への反作用も見のがさない。「ふるい神聖な観念や直観をともなう、一切の固定し錆《さ》びついた関係は解消され、あらたに形成された一切の関係は、石化するまえにすたれてしまう。一切の身分的なもの、固定したものは蒸発し、一切の神聖なものはけがされ、そして人間は最終的に、自分たち相互の関係をさめた目で見ることを強いられる。」

人間はみずからの歴史をつくる、しかし、それを意志することも意識することもなく、という有名な命題は、制度的枠組の受動的適合と〈自然力の能動的征服〉との不均衡をあてこすったものである。マルクスの批判の眼目は、制度的枠組の二次的適合を能動的な適合に転化し、社会そのものの構造的変化を統御しようという点にあった。それが可能となったとき、これまでの全歴史の根本的な関係が止揚され、人類の自己構築が完成される、つまり、人類の前史がおわるはずであった。だが、この考えにはあいまいな点がふくまれていた。

たしかにマルクスは、歴史を意志的・意識的につくるという問題が、これまで統御されないできた社会的発展を実践的に支配していく、という課題にほかならないと見なしていた。しかし、ほかのひとびとはそれを技術的な課題と見なした。かれらは、目的合理的行為と適応行為の自己制御のシステムを範型にして、社会を再構成することにより、自然を統御するのとおなじやりかたで社会を統御しようとするのだ。こうしたもくろみは、資本主義的計画にたずさわる技術官僚に見られるばかりか、官僚社会主義下の技術官僚にも見られる。ただ、かれらの技術至上主義の意識は、制度的枠組を目的合理的行為システムの範型にしたがって解決しようとすれば、日常語に媒介された相互行為の連関という、人間性の回復につながるがゆえにまさしく本質的な次元をしめださざるをえない、という事実におおいをかけている。

将来、管理技術の応用範囲はいちじるしく拡大するだろう。むこう三三年間にあらわれると見られる技術的発明をひろいあげた、ハーマン・カーンの表[*21]を見ると、最初の五〇項目のうちには、行為を制御したり個性をかえたりする技術が数多く見いだされる。たとえば、30、個人や組織の監視、監督、統制のための、あらたな、普及の見こみのある技術。33、公私にわたる人間の行為に効果をおよぼす、あらたな、たよりになる〈教育〉宣伝技術。34、電子によって脳と直接に交信したり脳を刺激したりする技術の実地使用。37、あらたな、どちらかといえば感情を操作する反乱鎮圧技術。39、疲労、弛緩、緊張、気分、個性、知覚、幻想を統御する、あらたな、もっと多様な薬品。41、性を〈かえる〉技術の改良。42、個人の基本体質にたいする、その他の遺伝的統御および影響。——この種の予測はおおいに議論のあるところだろう。だが、いずれにせよ、それは、人間のふるまいを言語活動の文法にむすびついた規範体系からきりはなし、かわりに、それを直接の物理的ないし心理的影響によって人間機械型のサブシステムにくみこもうとする、将来やってくるかもしれない世界をさししめしている。心理技術による行動管理を採用すれば、こんにちでもすでに、内面化されてはいるが反省可能な規範に目をむける、という旧式のまわり道をとる必要はない。内分泌の制御システムに干渉する生物技術《バイオテクノロジー》や、さらに遺伝子情報の発生過程での伝達に干渉する技術を通じて、やがて人間のふるまいはもっとふかく統御されるようになるだろう。そのとき、日常語の伝達のうちで発展してきたふるい意識地帯は、完全に干上がってしまうにちがいない。人間技術《ヒューマンテクノロジー》がこの段階にいたって、こんにち政治イデオロギーの終焉がいわれるのとおなじような意味で、心理操作の終焉がいわれるようになるとき、制度的枠組が統御されないまま跛行的についてくる、という自然発生的疎外は克服されるかもしれない。だが、そのとき、人間の自己客体化は、計画された疎外というかたちで完成することになってしまうだろう――人間は意志をもって歴史をつくりはしたが、意識をもってつくりはしなかった、ということになろう。

わたしは、社会の本能的な自己安定化というサイバネティックスの夢想が実現する、と主張するわけではないし、それが実現可能だとさえ主張するものではない。しかし、わたしの考えでは、それは技術至上主義の意識の漠然とした根本仮定をしあげるものであり、したがってそれは、イデオロギーとしての技術と科学のゆるやかな支配のもとにしるされた、発展の道筋をしめしている。科学技術の支配という背景のもとに、なによりもまずはっきりうかびあがってくるものは、合理化のふたつの概念を識別しなければならないということである。目的合理的行為のサブシステムの水準では、科学技術の進歩が、社会体制や社会の部分領域の再組織をすでに強行し、さらになおいっそう要求している。だが、この生産力の進展過程が解放をうながす潜勢力となるのは、それがもうひとつの水準での合理化を代行しない場合にかぎられる。制度的枠組の水準での合理化は、ことばに媒介された相互行為という媒体のなかでしか、つまり、コミュニケーションの制限の除去を通じてしか、成就されない。行為を導く原則や規範が適切でのぞましいかどうかを、進歩する目的合理的行為のサブシステムが社会文化にたいしておよぼす反作用に照らして、公開の場で、なんらの制限なく、支配権力から自由に討論すること――政治的な、またたえず政治的になっていく意志形成過程のあらゆる水準でこうしたコミュニケーションをおこなうことが、〈合理化〉なるものを可能にする唯一の媒体である。

反省の一般化というこうした過程のなかで、制度の変化は、たんなる正当化の論拠の交替という限界を超えて、その特殊な構成の変化となってあらわれるだろう。つまり社会的規範の合理化は、抑圧の度合の低下という性格をもつことになろう（それは個性構造の水準では役割の対立にたいする平均的寛容をたかめるにちがいない）。さらに、厳格さの度合も低下するし（それは日常の相互行為における個人に似合った自己表現の機会をふやすにちがいない）、最後に、役割の相違と、十分内面化されてはいるが反省的にちかづくことのできる規範の柔軟な適用とを、ともに認める行為統御の型にちかづくことになろう。この三つの次元での変化を基準に測られる合理化は、目的合理的システムの合理化のように、自然と社会の対象化された過程にたいする技術的処理能力をたかめたりはしない。それは、おのずから社会システムの機能を改良するといったものではなく、むしろ、社会の成員に解放の進展と個性化の前進の機会を提供する。生産力の向上は〈よき生活〉の意図にひょっとして役立つこともあるかもしれないが、これとぴったり一致するものではないのだ。

これまでの制度的枠組は、人間を抑圧することで維持されてきたが、そうした制度的枠組の内部ではくみつくせない、技術的に氾濫する潜勢力という思考像が（マルクスは〈鎖につながれた〉生産力といっている）、国家的に規制された資本主義にはなおふさわしいものだ、などとは信じられない。実現されない潜勢力を有効に利用することは、経済産業機構の改良をもたらすかもしれないが、それはこんにちではもはや、そのまま制度的枠組を変革して人間を解放する力とはならない。活用可能で発展の見こみのある潜勢力をくみつくすかどうかが問題ではなく、平和と生活の満足の目的にかなうものをえらぶかどうかが問題なのだ。が、ただちにつけくわえていうべきは、われわれはこの問題を提起しうるだけで、答えを予見することはできないということである。答えをだすには、生活実践の目標にかんする上述の制限なきコミュニケーションが必要だが、脱政治化された世論に構造的に依存する後期資本主義社会は、この問題の主題化にはむろん抵抗するからである。

9

階級対立が潜在化されたところで、なおもあらたな対立が生ずるとすれば、その地帯は、格差の対立をはらむシステムの周辺部をのぞけば、後期資本主義社会が国民大衆の脱政治化を通じて、技術至上主義の背景イデオロギーが問題とされるのをふせごうと腐心する当の場所、つまり、まさにマス・メディアを通じて操作される世論のシステムを措いてほかにない。というのも、資本主義システムは、目的合理的システムの進歩と、制度的枠組の解放にむかっての変革とのあいだの——技術的問題と実践的問題とのあいだの——ずれをおおいかくす必要があるが、それを強固におこなう場は、ほかならぬこの世論の場だからである。われわれが実現可能な潜勢力を考慮しつつ、いかに生きることができるかを見いだそうとするとき、公共の場でゆるされる定義は、生活になにをのぞむかという点にはおよんでいても、いかに生きたいのかという点にはおよんでいない。

だれがこの対立地帯を活気づけるかを予知するのはむずかしい。ふるい階級対立も、あたらしい型の社会的抑圧も、その素姓からして、ひからびた世論を再政治化にむけるだけの反発力をふくんでいない。認識可能な利害にもとづいてあらたな対立地帯へとむかう唯一の反発力は、なによりもまず大学生や高校生の特定の集団のもとに発生する。その際、つぎの三点の確認が出発点となる。

一、大学生や高校生の異議申し立て集団は特権集団である。かれらは、みずからの社会的地位から直接に生じ、社会的補償の増加によってシステムに適合したかたちでみたされる利害を、代表してはいない。学生活動家にかんするアメリカの初期の研究のしめすところによると、活動家のおおくは、社会的に上昇しつつある部分からなるのではなく、経済的に安定した社会層から補充される、地位にめぐまれた学生層部分からなっている。

二、支配システムが正当化の根拠として提出するものが、この集団には、根拠のしっかりした納得のいくものとは見えない。ブルジョア・イデオロギーの崩壊のあとに登場した、社会的・国家的補償プログラムは、地位と業績の一定の方向づけを前提としている。しかし前記の研究報告[*22]によると、学生活動家は、職業進路や将来の家庭について、他の学生よりも私的に執着するところがすくない。大学で平均以上の成績をとり、出身家庭の社会的地位もたかいからといって、予想される労働市場の強制によってきまる期待の地平は、とくにひろがることもない。社会科学や言語・歴史方面を専攻するものが比較的多い活動家学生は、技術至上主義の意識にはあまり染まらない。というのも、かれらはさまざまな動機からそれぞれの学問的作業にたずさわるようになったろうが、いずれの専攻分野でも、その基礎的な経験が技術至上主義の根本仮定とは両立しないからである。

三、この集団のなかで対立がもえあがるとすれば、それは訓練や負担の要求の程度をめぐるものではなく、不許可の命令の種類をめぐるものである。収入をふやせとか余暇をふやせといったかたちの社会的補償にあずかろうとして、学生たちは闘争したりはしない。かれらの抗議は、むしろ、〈補償〉のカテゴリーそのものにむけられている。手もとにあるいくつかの資料によると、ブルジョア家庭出身の青年たちの抗議は、何世代にもわたってとりざたされた権威の対立という範型にあわなくなってきているらしい。活動家学生の両親は、むしろ、かれらの批判的立場に共鳴している。かれらは非活動的な比較集団よりも、心理的に理解しあった自由主義的教育原則のもとにそだっていることがおおい。[*23] かれらの社会化が完成されたのは、伝統的なブルジョア道徳やプチブル的な派生物が力をうしなった、直接の経済的強制から自由な、下位文化のなからしく、おかげでかれらは、目的合理的行動の価値へとむきをかえる〈きりかえ〉の訓練をうけても、それを物神崇拝はしなくてすんでいる。こうした教育技術は、貧困経済下の保守的生活形式と衝突するような経験を可能にし、そうした方向性を助長する。こうした基盤のうえに、無用となった道徳や犠牲の無意味な再生産を、原理的に是としない態度が醸成される——技術の高度な発展にもかかわらず、個人の生活は、なぜ業務命令や、業績競争の倫理や、地位競争の圧迫や、所有の物象化および提供された代償物の価値に左右されるのか、あるいはまた制度化された生存競争、疎外労働の苦行、感性や美的満足の抹殺などがなぜいつまでもつづくのか、こういったことを原理的に是としない態度が醸成されるのだ。

こうした感受性をそなえたものには、脱政治化された世論から実践的な問題を構造的にしめだす、というやりかたは、たえがたいものにちがいない。それが政治的な力となってあらわれるには、むろん、そうした感受性のたかまりが、システムの解決不可能な問題にふれなければならない。将来おこるであろうそうした問題のひとつが、わたしには見えている。高度産業資本主義のうみだす社会的富の量と、この富をつくりだす技術的・組織的条件を考えてみると、地位の指定を、主観的に納得させるためだけのものにせよ、個人の業績の評価の機構とむすびつけるのはますますむずかしくなろう。[*24] したがって、ながい目で見れば、大学生、高校生の抗議はこのもろくなった業績イデオロギーを持続的に破壊し、それとともに、もともとこわれやすいが、大衆の脱政治化によっておおいをかけられた、後期資本主義の正当化の基盤を倒壊させることができるだろう。

III——技術の進歩と社会的生活世界

1

一九五九年にC・P・スノーが『ふたつの文化』と題する本を世に問うて以来、科学と文学の関係についての議論が、英国にかぎらず、あらたにまきおこった。その際、科学ということばはScienceの語義にしたがって、厳密な経験科学という意味だけに限定して用いられたが、文学はひろい意味にとられて、ある意味では、精神科学的解釈と名づけられるものさえもふくんでいた。オルダス・ハックスレイがこの論争に投じた「文学と科学」という題の論文は、いうまでもなく、自然科学と純文学にかぎって、両者を対比しようとするものであった。

ハックスレイはまず、それぞれが主題とする特殊な経験のちがいという視点にたってふたつの文化を区別し、文学は私的経験を表現するものだが、科学はだれにも近づくことのできる経験を表現するものだ、とのべた。科学は、一般的な定義にもとづいてすべてのひとを拘束するような、定式化された言語によって表現されるが、これに反して文学は、くりかえしのきかないものを言語化するもので、一回ごとに相互の理解をうちたてねばならない、というわけだ。だが、私的経験と公的経験というこの区別は、問題に近づく第一歩をなすにすぎない。文学的表現の克服すべき主題が表現不可能なものだといっても、それは、主観のうちにとじこめられた私的な体験が文学の基底をなすことに起因するのではなく、この経験が生活史的環境という地平で構成されることに起因するのだ。反対に、科学の法則仮説が主題とする出来事の連関は、たしかに空間的・時間的な座標系によって記述されるけれども、出来事のひとつひとつは単一世界の要素ではない。「文学のかかわる世界は、人間がうまれ、生活し、最後に死んでいく世界であり、人間が愛と憎悪、勝利と敗北、希望と絶望を体験する世界であり、なやみとよろこび、狂気と常識、愚昧、狡猾、知恵の世界であり、あらゆる種類の社会的抑圧と個人的衝動、理性と情熱の葛藤、本能と習慣、共通語とだれにもわかたれない感情や感覚、などのうずまく世界である。」[*1] これに反して科学のあつかう内容は、そうした遠近法にしたがってきずきあげられ、自我を中心に結合され、日常語によって前もって解釈された社会集団や社会化された個人の生活世界ではない。「化学者や物理学者や生理学者は、根本的にちがった世界の住人である――その世界は、あたえられた現象の宇宙ではなく、演繹された極度に精密な構造をもつ世界であり、独自の出来事や多様な性質からなる経験世界ではなく、計量化によって規則だてられた世界である。」ハックスレイは社会的な生活世界に世界なき事実の宇宙を対置する。かれはまた、科学が世界なき宇宙にかんする情報をどのようにして社会集団の生活世界にうつしかえるかを、正確に観察している。「知は力である。逆説的に見えるかもしれないが、それは、自然科学者や技術者たちが、体験なき抽象と推論の世界で生ずる事柄についての知識をもとに、人間にとってそこに生きることが特権でも刑罰でもあるようなこの世界を、操縦し変容する上で、いよいよ巨大な力を獲得したことを意味する。[*2]」

だが、ハックスレイは、ふたつの文化の関係の問題を、科学が情報の技術的利用というかたちで生活世界に入りこむ、その交点でとらえようとはしないで、文学が科学の発言そのものを同化し、科学に〈血肉のある形態〉をあたえるべきだ、として、両者の直接的な関係を要請するにおわった。つまり、ひとりの詩人があらわれて、われわれにつぎのことを教示せねばならないというわけだ。「不透明な伝統のことばとあまりに厳格な教科書のことばをどのように詩的に純化すれば、私的でだれにもわかたれない体験と、それを説明する科学の仮説とを合致させることができるか」[*3]を。

この要請は、私見によれば、誤解のうえになりたっている。厳密な経験科学の情報は、技術的利用という道をたどる技術的知識としてしか、社会的生活世界に入ることができない。この場面で、それは、われわれの技術的処理能力の拡大に貢献するのだ。したがって、科学の情報は、行為の指針となる社会集団の自己了解と同一の水準にあるわけではない。だから、文学に表現される社会集団の実践的知識にとって、科学の情報内容は無媒介に有効なものではなく——それは、技術的進歩という実践的な結果をもたらすというまわり道を経て、はじめて意味をもつのだ。原子物理学の認識は、それだけとりだせば、われわれの生活世界の解釈にどんな効果もおよぼさない——そのかぎりで、ふたつの文化の分裂は避けることができない。物理学上の理論を手びきとして、われわれがじっさいに核分裂をひきおこすとき、つまり、情報が生産的ないし破壊的な力を開発するために利用されるとき、はじめてその革命的な実践的結果が生活世界の文学的意識のなかに入りこんでくる——詩はヒロシマをながめたときにうまれるので、物質のエネルギーへの転化にかんする仮説に手をくわえても、詩にはならないのだ。

仮説に手をくわえて原子の詩をつくるという考えは、まちがった前提を出発点としている。あきらかなことは、むしろ、文学と科学の関係の問題が、技術的に利用可能な知識を社会的生活世界の実践的意識のうちにどのように翻訳しうるか、というずっと包括的な問題の一断面をなすにすぎないことである。この問題は、あきらかに、文学だけのあたらしい課題ではないし、文学がとくに重視しなければならない課題でもない。ふたつの文化にかんするハックスレイの誤解が不穏当なのは、おもてむきはふたつの競合する文化伝統のたたかいと見えるもののうちに、じつは科学化された文明の死活問題がしめされているからである。つまり、こんにちなお自然発生的なものにとどまる、技術の進歩と社会的生活世界の関係を、どのように反省し、どのようにして合理的な討議による統制に服させることができるか、という問題が、そこにはしめされているのである。

国家の支配、戦略、管理といった実践的な問題は、ある意味では、以前にも技術的知識の利用のもとに解決されねばならなかった。にもかかわらず、こんにち、技術的知識を実践的意識にうつしかえるという問題は、その大筋において変化をこうむっているばかりではない。技術的知識のおおくは、もはや、古典的な手工業において実践的にえられた技術だけにとどまるものではなく、工業技術にも利用できる科学的情報という形態をとっている。他方、行為の導きとなる伝統が、近代社会の自己了解を素朴に決定する、ということももはやない。歴史主義は、行為の指針となる価値体系の自然発生的な効力を破壊してしまった。社会集団の自己了解と、日常語でつづられたその世界像は、こんにちでは、伝統を伝統として解釈しなおすことによって保持されている。こうした事態のなかでは、生活実践上の問題を合理的に検討する必要が生ずるが、それは技術的手段だけにかんする事柄でもないし、伝統的な生活規範の利用だけにかんするものでもない。技術的知識の産出や伝統の解釈学的説明を超えた反省がもとめられているのだ。反省は、技術的手段が歴史的状況のどこにはめこまれているかにもおよぶべきで、その際、状況の客観条件(潜勢力、制度、利害)は、その都度、伝統に規定された自己了解の枠内で解釈されねばならない。

2

こうした問題設定が意識されはじめたのは、わずか一、二世代前からのことにすぎない。一九世紀には、科学はふたつのべつべつの水路、つまり、ひとつは科学的情報の技術的利用という水路、もうひとつは個人の教養過程としての科学研究という水路をとおって、生活実践に入りこむととらえることができた。たしかに、フンボルトの改革に淵源するドイツの高等教育制度のなかでは、こんにちまで、科学は、個々の学生の生活史の内部における教養過程を通じて、行動を導く力をふるうのだ、という虚構が信じられている。わたしは、フィヒテが〈知識を仕事のなかで変えていくこと〉と名づけた意図が実現されるのは、こんにちではもはや、教養という私的領域においてではなく、技術的に利用可能な知識を生活世界の脈絡にあわせて翻訳する、という政治的に有効な水準でおこなわれるほかないことをしめしたいと思う。この翻訳に文学が一役買うところはあるにはあるが、なによりもまず、それは、科学そのものがとりくむべき問題なのである。

一八世紀から一九世紀にうつる時期、つまりフンボルトの時代には、ドイツに視野を限定していえば、実際上の仕事を科学化するという可能性は、まだ考えられもしなかった。だから大学改革者たちは、実践哲学の伝統と手をきることなどまじめに考える必要はなかった。政治秩序の革命は、あらゆる領域にふかく入りこんだけれども、前工業的な労働世界の構造が当時なお維持されていたために、理論と実践の関係にかんする古典的なとらえかた、つまり、社会的労働の領域で利用できる技術的熟練は、理論的な指導によって直接えられるものではなく、伝統的な技能の型にしたがって実習されねばならない、とするとらえかたが、いわばぎりぎりのところでなりたっていたのである。理論は、人間がうごきまわる変転つねなき領域のかなたにある、事物の不変の本質と関係するもので、その理論が実践的な有効性を発揮するには、理論にかかわる人間自身の生活態度に理論の刻印がおされ、宇宙全体の理解をもとに自身の行為の規範もしめされ、かくて、哲学的教養人の行為をとおして、理論がその具体的なすがたをあらわすことによるほかはない、とされた。理論と実践のこれ以外の関係は、伝統的な大学教養の理念の容れるところとはならなかった。シェリングが、医師の実践の科学的基礎を、自然哲学を通じてともかくもあたえようとしたときでさえも、医学上の手仕事が、突然、医学上の行為理論にすりかえられ、道徳的な行為主体が実践理性の理念を指針とするのとまったくおなじように、医者は、自然哲学的に演繹された理念を指針とすべきだ、とされたのである。

　とはいえ、だれでも知っているように、医学の科学化の成否は、医学上の手仕事の実践的な技法が、個々の自然過程にたいする経験科学的に統制された処理能力へと、転化するかいなかにかかっている。そのことは、社会的労働の他の領域にもおなじようにあてはまるので、商品生産、経営、行政であれ、工作機械、道路、飛行機の建造であれ、選挙、購買、余暇利用のありかたへの干渉であれ、それらを合理化するためには、それぞれの職業実践が、対象化された過程にたいする技術的な処理、という形式をとらねばならない。

前工業的な職業実践の形式は、理論的に教えこむことのできないものである以上、フンボルトの時代には、科学は教養をたかめるものだという原則のもとに、大学と専門学校は厳格に区別される必要があった。こんにちでは、研究の過程は、技術への転換や経済的利用とむすびつき、科学は、工業社会的な労働システムにおける生産や管理とむすびついている。科学を技術に応用したり、逆に、技術の進歩を研究に応用したりすることは、労働世界の根幹をなす事柄になっている。大学を高等専門学校に分散させる、という案にたいする相かわらずの頑固な反対論は、こうした事情のもとでは、もはやかつての論拠をうしなっている。大学での研究形態は職業領域に関与すべきではない、とする主張は、こんにち、職業領域が依然として科学になじまないがゆえに叫ばれるのではなく、逆に、科学が職業実践に浸透するにつれて、教養からとおざかるがゆえに叫ばれるのである。科学は教養をたかめる、というドイツ観念論の信念は、厳密な経験科学についてはもはや通用しない。かつて理論は教養過程をとおして実践的な力になることができたが、こんにち問題となる理論は、非実践的に、つまり、ともに生きる人間相互の行為とは明確な関係をもたないままに、技術的な力をふるうことができるのである。たしかに、科学はいまもある特殊な能力をあたえるが、その教示する処理能力は、かつて科学的な教養人に期待された生活能力や行為能力とおなじものではない。
教養人は行動の指針をあれこれと詮議できた。こうした教養は、世界の総合的な地平を視野におさめ、科学的経験を解釈したり、実践能力に、つまり実践の必然性を反省する意識に、転換したりできるという意味においてのみ、普遍的であった。ところで、こんにち実証主義的な基準にしたがって科学的とされる経験の一般型は、このようなかたちで実践にうつしかえることができない。経験科学が可能にする処理能力は、啓蒙された行為の能力と混同されてはならない。だが、そうだとすると、科学は、行為の指針になるという課題を、そもそも免除されているのだろうか。それとも、科学的手段とともに変転する文明の枠組のなかで、大学の教養にかんする問いが、こんにち、あらたな科学そのものの問題として提起されるのであろうか。

まず最初に、生産様式が科学的方法によって革命的にかえられ、ついで、労働のこうした工業化によって自立を獲得し、計画的な組織化が可能となった社会領域にも、技術的に正確な運営法をおよぼしうる、とする期待がうまれた。科学によって可能となった自然の技術的処理能力が、こんにちでは、直接社会にもおよんできている。他からきりはなしうる社会システムや、自立した文化領域のすべてについて、あらかじめさだめられた組織目的にしたがって内部の関係が内在的に分析されるかぎり、そこに、いわば、ひとつのあたらしい社会科学部門が成立してくる。だが、それにともなって、科学的に解決される処理能力の問題も、多数の生活上の問題へとわかれていく。というのも、自然過程ないし社会過程の科学的統制、ひとことでいえば、工業技術は、人間の行為を消滅させはしないからである。人間は、依然として、葛藤をさばき、利害をつらぬき、解釈を見つけださねばならない——日常語によって結合された行為ならびに討議によって。ただ、こんにちではこうした実践上の問題が、技術的作業システムそのものによってひろく決定されるというにすぎない。

だが、技術が科学からうまれたものだとすれば、また、わたしの考えるように、人間の行為に干渉する技術が自然の支配にほかならないとすれば、この技術を実践的な生活世界によびいれるためには、つまり、特定領域の技術的処理法を、行為する人間のコミュニケーションの領域にとりもどすためには、いよいよもって科学的反省が必要となる。前科学的な経験の地平は、極度に緊張した合理性の産物たる科学との交渉が、そこで素朴におしすすめられるならば、子供じみたものになろう。

むろんそのとき、教養は、もはや、個人的行為の倫理的次元だけを相手とするものではありえない。むしろ、政治という中心的な領域においてこそ、科学的に説明された世界了解にもとづいて行為に理論的な指針があたえられる、というようでなければならない。技術の進歩と社会的生活世界の関係、および、科学的情報の実践的意識への翻訳は、私的教養にかかわる問題ではないのである。

3

わたしはこの問題を私的教養の問題としてあつかうのではなく、政治的意志決定の関連体系のなかで、いまいちどあらたに定式化してみたい。以下で〈技術〉といえば、対象化された過程にたいする科学的に合理化された処理のことを意味するものとする。つまりそこでは、研究と技術が経済や管理と相おぎなうシステムが、考えられることになる。また〈民主主義〉といえば、無限に拡大する処理能力という客観条件のもとで、人間にどのような共同生活が可能で、のぞましいか、といった実践的な問いをめぐる、一般的かつ公的な意見交流の制度的形式を意味するものとする。そのとき、われわれの問題は、技術と民主主義の関係を問うものとして、つぎのように提示される。技術的な処理能力を、行為し討議する市民の合意のもとにとりもどすには、どうすればいいか。

わたしはまず、ふたつの相対立する答えを検討したい。第一の答えは、その大筋においてマルクスの理論からひきだされるものである。マルクスは、たしかに、資本主義的生産の連関が、生産する自由や生産者に対立する暴力のうちにとりこまれていることを批判する。歴史的に生産された財貨の私的占有形式を通じて、使用価値の技術的産出過程は、交換価値の経済的産出過程という異質な法則に支配される。われわれが、資本の蓄積に固有の法則性を、生産手段の私有というその起源にまでさかのぼってとらえれば、人類は、経済的強制が、生産する自由の疎外された所産であることを洞察し、ついでそれを止揚することができる。最終的に、社会生活の再生産は、使用価値の産出過程として合理的に計画され、社会は、その過程を技術的に統制することになる。統制は、諸個人の統一的な意志と洞察にもとづいて民主的に実施される。その際、マルクスは、政治的公共体の実践的洞察と効果的な技術的処理とを同一視している。だが、われわれの知るところでは、うまく機能している計画官僚制(それに商品生産とサービス提供の科学的統制)でさえ、解放された社会に満足と自由をあたえるような、物質的生産力と精神的生産力の統一を実現するための十分条件ではない。つまりマルクスは、物質的な生活条件の科学的統制と民主的意志形成とのあいだに、あらゆる段階で不一致が生じうることを計算にいれなかったのだ——そのことは、社会主義者たちが、権威主義的な福祉国家、つまり、政治的自由を排除しつつ社会的富を相対的に確保するという国家の存在を、まったく予期しなかった事実を哲学的に説明するものである。

生活を維持し快適にする物理的・社会的条件が大きく技術的に整えられる、という、マルクスが共産主義的発展段階として想定した事態が実現されたとしても、一八世紀の啓蒙主義者や一九世紀の青年ヘーゲル派がいうような社会の解放が、そのことからもう自動的に生じてくる、というわけにはいかない。というのも、高度工業社会の発展を統制するはずの技術は、もはや、道具のモデルにしたがって解釈されるものではないからであり、いいかえれば、当然のごとく前提される目標や議論によってあきらかにされた目標に即して、それにふさわしい手段を組織する、というわけにはいかないからである。

フライヤーとシェルスキーは、技術が目標からはなれて自立するような、対極のモデルを考案した。技術の発展の初期段階とはちがって、こんにちでは、あたえられた目的、ないし、前もってたてられた目的と、そのために組織化される手段という関係が、逆転しているように見える。内在的法則にしたがってすすむ研究や技術から、いわば無計画にあたらしい方法がうみおとされ、それを利用できるような目的があとから見いだされるといった具合なのだ。フライヤーのテーゼによれば、自動化した技術の進歩が、一歩あたらしい局面をむかえるたびに、われわれの能力は抽象的に増大し、あとを追いかけるようにして生活の利害や意味をつくりだす空想力が、その能力をくみつくす具体的目標を思いつくという。シェルスキーはこのテーゼを尖鋭かつ単純化して、技術の進歩は、予測しえない方法をうみだすとともに、計画しえない利用目的そのものをもうみだす、といっている。技術の能力が、同時に、その実践的な応用をせまるのだ。かれはとくに、政治的課題に際して、いわゆる選択の余地なき解決を指令する、高度に複雑な物的法則性を視野において、このテーゼを主張する。「政治的な規範や法則にかわって、政治的決定として提起することも心情ないし世界観の規範として理解することもできない、科学技術文明の物的法則性が登場する。それとともに、民主主義の理念もいわばその古典的な実体をうしない、政治的な国民の意志にかわって、人間が科学や労働そのものとしてつくりだした物的法則性が登場する。」研究、技術、経済、管理の自動化されたシステムを前にしては、技術的生活条件にたいする社会の支配可能性の問い、つまり、技術的生活条件を生活世界の実践にどう統合するかという問いは、あらたなヒューマニズムの要求する教養ゆたかな問いではあるが、絶望的に時代おくれと見える。そのような観念は、技術的な国家においては、せいぜい、「物的必然性からしてどっちみち生ずることを動機の面から操作する」のに役立つだけである。

技術の進歩に固有の法則性、というこのテーゼが、現実に合致しないのは明々白々である。技術の進歩の方向性は、こんにちでは、公共投資によっておおきく左右される。アメリカ合衆国では国防総省と航空宇宙局のふたつが、科学研究の最大の委託者である。ソヴィエトの場合も事情はかわらないと思う。政治的に効力のある決定が意味をうしない、活用可能な技術にもとづき、事象の内在法則にしたがって強制されることをただ実行することだけが必要となり、したがって技術は実践的に検討すべき主題とはもはやなりえない、という主張は、結局のところ、自然発生的な利害と前科学的な決定をつつみかくす役割をはたすにすぎない。技術と民主主義の合体という楽観論と同様、民主主義が技術によって排除されるという悲観的主張も、現実には合致しないのだ。

技術的な処理能力を、行為し討議する市民の合意のもとにとりもどすにはどうすればいいか、という問いにたいする以上ふたつの答えは、不十分なものである。ふたつの答えは、そのいずれも、技術の進歩と社会的生活世界の自然発生的関係をどう統制するかという、東にも西にも存在する客観的な問題を、うまく解きあかすことができない。すでにマルクスが診断した生産力と社会制度の分裂は、熱核兵器の時代にあって、思いがけないほどの爆発力をしめしているが、それは技術と実践の皮肉な関係から生じたものである。技術の進歩の方向性は、こんにちでもなお、社会生活の再生産の必要から自然発生的に生じてくる社会的利害に左右されるが、ただ、その利害はそれとして反省され、社会集団の明確な政治的自己了解へともたらされることがない。したがって、あたらしい技術能力は、生活実践の現存形態のうちに突如として入りこむことになるし、技術的処理能力の拡大にともなうあたらしい潜勢力は、極度に緊張した合理性の所産と、反省なき目標、硬直した価値体系、衰弱したイデオロギーとの不均衡をつくりだす。

こんにち、最高度に進歩した工業システムにおいては、これまで自然史的におこなわれてきた、技術の進歩と大工業社会の生活実践との媒介を、意識的に管理するこころみが精力的におこなわれねばならない。いまわたしは、長期にわたる中心的な研究政策をささえる、社会的・経済的・政治的諸条件を論じる気はないが、社会システムが技術的合理性の条件をみたすだけでは不十分なのだ。本能的ともいうべき自己安定化、というサイバネティックスの夢が実現されたとしても、その間に、価値のシステムは収縮へとむかい、最大限の力と快適さを求めるという法則や、どんな犠牲を払っても生きのびるという生物の根本価値の同じようなものに、いうならば、超安定性に、たどりついているだろう。人類は、技術の進歩そのもののもたらす、計画外の社会的・文化的結果を前にして、これにたたかいをいどみ、みずからの社会的運命を呪文でよびだすにとどまらず、それを支配することを学んだ。こうした技術の挑戦には、技術だけで応えることはできない。むしろ重要なのは、社会に潜在する技術的な知識と能力を、実践的な知識と能力に合理的に結合する、政治的に有効な討論をまきおこすことである。

そのような討論をとおして、政治的行為者は、一方では、技術的に可能なもの、技術的に製作可能なものとの関連で、自分たちの利害を、伝統に規定されつつ自己了解することができる。他方、それによって明確にされ、あらたに解釈された必要に照らして、政治的行為者は、技術的知識を将来どの方向にどの程度発展させるのかを、実践的に判断することができるかもしれない。

こうした能力と意志の弁証法は、こんにち、公的な正当性をのぞみもせず、正当化がゆるされもしない利害関係の尺度にしたがって、無反省に展開されている。この弁証法を、政治的意識をもって解決しえたときはじめて、われわれは、これまで自然史的におこなわれてきた技術の進歩と社会的生活実践の媒介を、統制下におさめることができるだろう。それは反省にかかわる事柄だから、もう専門家の管轄下においておくわけにはいかない。支配体制は技術的な処理能力の前に消えうせるものではなく、その陰にかくれるというにすぎない。こんにち、全般的な生活危機をもたらすにいたっている支配の非合理性は、支配から自由な一般的討論という原理にむすびついた、政治的な意志形成によってしか克服できない。支配の合理化は、政治権力が対話とむすびついた思考を厚遇するような状態のもとでしか、のぞめない。反省の問題解決能力を、技術的に利用可能な知識の拡大によって肩代りすることは、不可能なのである。

一九六五年

IV──政治の科学化と世論

1

政治の科学化とは、いまのところまだ事実を意味するものではないが、事実がひきよせられる傾向をさすことばではある。なによりも、国家に委託された研究の範囲と、公共の職務にたいする科学の助言のひろがりが、科学化の発展を証示している。もともと近代国家は、国民経済や地域経済の成立にともなう市場取引とむすびついて、中央集権的財政の必要からうまれたものだから、法律学の教育をうけた官吏の専門知識にたよらざるをえなかった。だが、これらの官吏は技術的な知識をふりまわすだけで、その点では、たとえば軍人たちが専門知識をふりまわすのと根本的にちがいがなかった。軍人が常備軍を組織するように、法律家たちは恒常的な管理機構を組織した──それは科学を応用するというより、技術を行使するといったものだった。官僚や軍人や政治家が、公務を遂行するにあたって、厳密に科学的な勧告を指針とあおぐようになったのは、ようやく一世代前からのこと、いや、もっと大雑把にいえば、第二次世界大戦以降のことである。それとともに、かの〈合理化〉はあたらしい段階にいたる。〈合理化〉とは、すでにマックス・ヴェーバーが、近代国家における官僚支配の形成過程をとらえるのに用いた概念であった。科学者たちが国家の権力を掌握したわけではないが、国内での支配権力の行使と、外敵にたいする力の誇示は、もはやたんに、分業的に組織され、資格にしたがって規則だてられ、成文法規に拘束された行政活動を媒介にして合理化される、というだけではない。むしろ、あたらしい工業技術と戦略の物的法則性によって、国家の内外での活動の構造が、いま一度かえられてしまったのである。

マックス・ヴェーバーは、ホッブスにまでさかのぼる伝統につきしたがいつつ、専門知識と政治的実践の関係にかんする、明確な定義を発見した。官僚支配と政治的統治、というかれの有名な対比法は[*1]、専門家と政治家の機能を厳密に区別するのに役立つ。政治家は技術的な知識を利用はするが、自己主張と支配の実践にあたっては、それ以外に、断固たる意志を利害にもとづいて貫徹しなければならないのだ。政治行為の最終的な根拠は、合理的なものではなく、決断は、確固たる論拠もないままに、議論の拘束もうけいれないでせめぎあう、価値秩序や信仰の権威のうちのどれかをえらぶ、というかたちをとる。専門家の実証的な知識によって合理的管理や軍事的防衛の技術が決定され、かくて、政治的実践の手段さえも科学的規則にしたがって強制されるのとは反対に、具体的な場面での政治的決断が、理性によって十分に正当化されることはますますすくなくなっていく。手段の選択の合理性は、まさに、価値、目標、必要にたいする態度決定の際の、断固たる不合理性と背中あわせになっている。一方に、事態に通暁し技術的に教育された官僚制や軍隊の参謀部があり、他方に、権力本能と意志のつよさをそなえた指導者がいて、両者が完璧な分業体制をとるところにはじめて、ヴェーバーによれば、政治の科学化は可能となるのである。

この決断主義のモデルが、支配の合理化の第二段階をむかえたこんにちでも、なお妥当なものとして通用しうるかいなかが、問われねばならない。システム研究やとりわけ決定理論によって、政治的実践のためのあたらしい工業技術が用意され、従来の道具が改善されるばかりでなく、戦略の計算や決定の自動化を通じて選択そのものが合理化されるのに応じて、専門家の物的強制が指導者の決断をつきやぶるかに見える。したがって、サン゠シモンを超えてベーコンにまでさかのぼる伝統にしたがうなら、こんにちでは、専門知識と政治的実践との関係にかんする決断主義的規定をすてて、技術至上主義のモデルを提起したくなる。*2 専門家が政治家に依存するという関係は逆転しているように見える——政治家は科学的な知性のたんなる執行機関となり、具体的状況のもとで、活用可能な技術や資源および最善の戦略や指導命令を物的強制としてとりあつかうのは、科学的知性の役目となる。不安定な状況下での選択にほかならなかった実践的問題の決定が、合理化され、〈右も左も無策〉(リッテル)といった状態や決断の不確定性が一歩一歩除去されることになれば、技術的国家における政治家の決定行為は、事実上、たんなる虚構にすぎないものとなる。つまるところ、政治家は、支配の合理化のいまだ不完全なところをおぎなう埋め草のようなもので、いずれにせよ、主導権は科学的分析と技術的計画のほうにうつっているのである。国家は、いまや、支配の実質を手ばなし、物的に指令される戦略の枠内で、活用可能な技術を効果的に配置するものとならねばならないように見える——国家はもはや、原理的に無根拠な、決断主義にもとづいて主張するほかない利害を、暴力的に貫徹する装置ではなく、徹底して合理的な管理をおしすすめる機関になるように見える。

だが、こうした技術至上主義的モデルの弱点は一目瞭然である。一方で、このモデルは、技術の進歩が内在的必然によって強制されると見るが、技術の進歩が社会から自立しているように見えても、じつは、それは、そこに働く社会的利害の自然発生性に依存している。[*3] 他方、このモデルは、技術的な問題や実践的な問題の処理にあたって合理性が持続する、と仮定するが、そんなことはありえない。[*4] 支配の合理化の第二段階に特徴的にあらわれる、あらたなやりかたも、実践的な問題の決断にまつわる難点をあとかたもなく消滅させる、ということはけっしてないのだ。〈価値体系〉にかんしては、つまり、社会的必然や客観的意識状態、解放や退却の方向にかんしては、たとえわれわれの技術的処理能力を拡大する研究がどんなにすすんでも、その枠内で決定的な発言をなすことはできない。工業技術や戦略によってはあますところなく答えられない実践的な問題を、にもかかわらず合理的に解きあかすには、理論的・技術的な討論形式とはべつの討論形式が見いだされるか、さもなければ、そのような問題については根拠のある決定がそもそもくだせなくなって、ふたたび決断主義のモデルにかえっていかなければならないだろう。

ヘルマン・リュッベの結論はこうである。「かつては、専門家はただ知って計画するだけで、それを実行にうつす手だてを知っていたのは政治家だったから、政治家のほうが専門家に尊敬される立場にあったかもしれない。だが、いまでは、事態の論理がさししめすところをよみとれるのは専門家であり、政治家は、地上の理性が関知しないような係争問題に断をくだすことになって、両者の関係は逆転している。[*5]」リュッベは、決断主義のモデルに合理化のあらたな段階をよみこもうとしているけれども、原則としては、マックス・ヴェーバーとカール・シュミットによって定義された、技術的知識と政治的支配の行使の対立に固執している。かれは、あたらしい専門技術者《エキスパート》たちが、ほんとうは相変わらず政治の問題であるものを、事実の論理の問題だと詐称している、として、かれらの技術至上主義的自己了解を非難している。たしかに、政治家が多様で精細な工業技術的手段を活用でき、また、決断のたすけとなる戦略的な資料を利用できるという点では、純粋な決断の必要とされる範囲はせばまっている。だが、このせまくなった活動範囲のなかではじめて、決断主義がこれまでつねに主張してきたことが実証される——つまり、ここにいたってはじめて、政治的決定の問題圏が、これ以上はけっして合理化されない核だけにきりつめられるのである。決定をたすける資料を徹底して計算しつくせば、決定そのものは純粋な決断だけに還元され、分析によって多少とも必然性を見いだす余地のある要素は、すべて決定からとりのぞかれる。

けれども、この点では、拡張された決断主義のモデルも、もともとそのモデルにつきまとっていたあいまいさをそのままのこしている。それはたしかに、アメリカを典型とする大衆民主主義の命令発信地での、科学的情報にもとづく決定の実践を理解するうえで、記述的な価値をもっている。しかし、だからといって、こうした型の決定が、広汎な反省によってえられる論理的根拠にもとづくものだ、ということにはならない。政治的に役立つ技術的・戦略的研究の入りこめない空白地帯では、合理化は不可能で、決断をまつほかないとすれば、そうした事柄は、客観的な利害関係から説明されるべき社会的事実の一項目をなすことになり、そこではもはや、物的問題圏から必然的にでてくる行為は問題にならなくなろう——かりに、科学的な討論、ないし、一般に訓練をつんだ論究法が、実証主義の表現法の許容範囲のそとでは、はじめから排除されているというのでなければ。だが、じっさいはそうした排除はなされていないから、決断主義のモデルは、たとえそれが、現実に実行される政治の科学化の手続きにどんなに接近しうるものだとしても、それ自身の理論的主張からすれば不十分なものである。利害関係から生ずる価値と、価値に導かれた必要を満足させるために利用される技術とのあいだには、あきらかに相互依存の関係がある。いわゆる価値が、現実の必要を技術的に充足する活動と長期にわたって無関係なままであれば、それは機能を停止し、イデオロギーとしては死滅してしまう。逆に、利害関係の変化があたらしい技術をうみだせば、それにともなってあたらしい価値体系が形成されることもある。いずれにせよ、価値上の問題や生活上の問題を、物的な問題からきりはなす決断主義の主張は、抽象的たるをまぬかれない。周知のように、すでにデューイは、技術のたえざる増大と改良のこころみが、議論の余地なき価値志向に一方的に拘束されているだけでなく、反対に、伝統的な価値をいわばプラグマティズムの検証にかけることにもなる可能性に言及している。結局のところ、そうした価値の確信が成立するのは、それが統制可能なものとして、活用可能で思考可能な技術と、つまり、商品生産や状況変化のなかで可能となる価値実現の活動と、結合している場合にかぎられる。デューイは、技術的な勧告の結果を統制することと、技術を実践的に検証することとのちがいを、具体的な事態のなかで、明確な解釈にもとづくつながりにおいて、考察してはいないけれども、しかし、活用可能な技術と実践的な決定との関係をプラグマティックに吟味し、合理的に論究する、という態度をつらぬくことによって、決断主義では考察されない事態に光をあてている。

専門家と政治家の機能を厳密に分離するかわりに、プラグマティズムのモデルは、まさしく批判的な相互関係を提起する。それは、イデオロギーに依拠する支配の行使を、あいまいな正当化の根拠からひきはなすばかりでなく、それを全体として科学的に演繹された討論の主題にし、そのことを通じて、その実質にかえていくような関係である。技術至上主義のモデルの想定するように、専門家が政治家の上に君臨し、政治家は物的強制に服して、たんに見かけだけの決断をくだす、というのでもなければ、決断主義のモデルの場合のように、強制的に合理化される実践領域のそとに、特別の領域が留保されていて、そこでは依然として実践的問題が意志行為によって決断されねばならない、というのでもない。むしろ両者の相互交流こそが可能でもあり、必要なのでもあって、一方で、科学的な専門技術者が、決定をくだす当該官庁に〈助言〉をし、逆に、政治家は実践上の必要にかんして科学者に〈委託〉することがのぞまれる。その際、一方では、あたらしい技術や戦略の発展が、必要および必要の歴史的解釈の、つまり価値体系の、明確化した地平にもとづいて方向づけられるし、他方では、価値体系に反映した社会的利害が、それを満足させる技術的可能性や戦略的手段の検討を通じて統制される。かくて利害は、一部が認可、一部が却下されるし、また、とりあげられてあらたに定式化されたり、イデオロギーとして光をはなち、ひとを拘束した、その性格をうばいさられたりするのである。

2

専門知識と政治の関係にかんするこれまでの三つのモデルの提示は、近代的な大衆民主主義の体制を考慮にいれないで、なされたものであった。民主主義と必然的に関係するのは、三つのうち、プラグマティズムのモデルだけである。専門家と指導者のあいだの権限の分割が、決断主義の範型にしたがっておこなわれれば、政治的に機能する国民大衆の世論は、指導集団を正当化する役割しかはたせない。統治する人物、ないし、統治の資格ある人物を、選挙したり信任したりするのが、原則として、国民投票の役目である。つまり、将来の決定をどうするのか、という方針をきめるためではなく、決定権のある地位にだれをつけるかをきめるために、投票がおこなわれるのだから、民主的選択はここでは公開討論という形態ではなく、拍手喝采という形態をとる。ともあれ、政治的世論の前で、決定をくだすべき人物は正当性を獲得するが、決定そのものは、決断主義のとらえかたによれば、公開討論からは原則的に乖離せざるをえない。マックス・ヴェーバーによって展開され、シュンペーターを経て、最近の政治社会学をもとらえている理論によれば、民主的な意志形成は、最終的には、支配者に任命されるべきエリートを拍手喝采による表決でえらぶ、という規則だった手続きに帰着することになるが、政治の科学化という理念にたいしても、この理論は柔軟に対応することができる。支配権力は、その不合理な実質には手をふれられないまま、つまり、それ自身が合理化されることのないまま、拍手喝采というかたちで正当化されるのである。

これに反して、政治の科学化にかんする技術至上主義《テクノクラシー》のモデルは、支配そのものの合理化という要求を真正面からかかげる。むろん、政治支配を合理的管理に還元しようとするこでのこころみは、一般に民主主義を犠牲にしてしかなりたちようがない。政治家が物的強制に厳密にしたがうようになっても、管理者に正当性をあたえたり、公務員の専門資格を判断したりするのは、政治的世論の役割としてのこるかもしれないが、能力に差のないときには、競合する指導集団のどちらが権力の座につこうと、原理的にはかわりがないのである。工業社会における行政の技術化は、あらゆる民主的な意志形成を効力のないものにする。ヘルムート・シェルスキーはこう結論している。「政治的な国民意志にかわって、物的法則性が登場する。それは人間が科学および労働そのものとして生産するものにほかならない。[*6]」

これに反して、プラグマティズムのモデルによれば、技術的・戦略的助言を効果的に実践にうつすこころみは、政治的世論を媒介にしておこなわれる。というのも、政治的決定機関は、技術の進歩の方向を、実践的必要にかんする自己了解にもとづいて規定すると同時に、逆にまた、この自己了解を、技術的に可能な充足の見こみに照らして修正し批判していくものとされ、したがって、この機関と専門家とのコミュニケーションは、社会的利害や一定の社会的生活世界の価値志向とむすびつかざるをえないからである。この相補的なコミュニケーション過程は、どちらからどちらへむかうものであろうとも、デューイが価値信仰と名づけたものに、つまり、具体的状況のなかで実践的に必要とされるものを、歴史的規定と社会的規範に即しつつ前もって了解するという行為に、むすびついている。この前もっての了解とは、ともに生きる市民の会話のうちにうかびあがる意識にほかならず、それは解釈学的に解明されるほかはないものである。かくて、プラグマティズムのモデルにおいて、政治的実践を科学化するものとして予見されたコミュニケーションは、科学以前の段階ですでにおこなわれているコミュニケーションから独立して形成されることはありえず、科学以前のコミュニケーションが公開討論という民主的形式をとって、国民大衆のうちに制度化される。科学と世論の関係は政治の科学化の一翼を担うのだ。

　むろんこうした関係は、プラグマティズムの思考の伝統のなかでは、明確に主題化されることはない。デューイにとっては、技術や戦略の生産と、利害集団の価値志向とのあいだの相互的な指導や啓発が、健全な人間の知性や大らかな公共性という確固たる地平で実現されることは、自明の事柄であった。だが、こうした無邪気なとらえかたは、市民的公共性の構造変化によって、その単純さを自認せざるをえなくなる。のみならず、科学の内的な発展からしても、この見解が座礁するのは当然で、すでに個々の科学部門間で技術的情報をうまく翻訳することが困難である以上、科学と大衆とのあいだの情報交換は、いっそう解きがたい問題とならざるをえないのである。それでもなお、政治に要請される科学と、情報にささえられた世論とのあいだの持続的コミュニケーションに固執する者は、科学的な討論を大衆の底辺にひきおろし、それをイデオロギー的に悪用しようとしている、との嫌疑をかけられるだろう。かれは、単純な世界観を水まししたような科学的成果の解釈に反対して、理論と実践の実証主義的分離を固守するようなイデオロギー批判をよびだすことになる。実践にたいして、すでにたえることなく遂行される価値判断にたいして、科学は中立をまもるべきだとマックス・ヴェーバーは主張したが、それは、実践的問題の表面上の合理化や、技術的専門知識とその操作に影響をおよぼす大衆との短絡的結合や、そこなわれた公共性というひびの入った土台のうえに科学的情報をおこうとするゆがんだ理解、などをつきくずすうえで、説得力を発揮する。*7

けれども、このような批判は、さらにすすんで支配一般の合理化を問題とするやいなや、その実証主義的限界があらわとなり、科学の自己反省をさまたげるイデオロギーに堕してしまう。つまりそこでは、科学と世論の持続的コミュニケーションのむずかしさという事実と、論理学や方法論上の規則違反とが混同されるのだ。プラグマティズムのモデルは、たしかに、近代的大衆民主主義社会での政治的意志形成にただちに適用できるというものではない。だが、その理由は、活用可能な技術や戦略とむすびつき、社会的生活世界の明確な自己了解の地平にもとづく実践的問題の論究が、必然的に、根拠なき意志行為の擬似合理化をまねく、という点にあるのではない。プラグマティズムのモデルの欠陥は、もっぱら、科学の情報を実践的な日常語に確実に翻訳したり、逆に、実践的問題の脈絡から技術的・戦略的助言に見られる専門語へとうつる際の、論理の独自性や社会的前提条件をおろそかにする点にある。[*8] 政治的実践の科学化が最高度にすすんだ、アメリカ合衆国を例にとれば、科学者と政治家のあいだの討論のなかに、そうした解釈学的な課題が設定され、それと意識されないままに解かれていく様子がわかるだろう。こうしたひそやかな解釈学上の問題が、明確に科学的訓練の対象となっていないからこそ、決定のための技術的手段の提供と合理的な決断とのあいだの分業を、論理的に当然のものと考えざるをえないような外見と、さらに当事者のあいだには、それを当然とする自己了解さえもが生ずるのである。

3 政治的権能をもつ委託者と、専門的能力をもつ大研究所の科学者とのコミュニケーション

は、実践的問題を科学的な問題設定に翻訳し、また、逆に科学的な情報を実践的問題への解答に翻訳するにあたって、一地帯として決定的な意味をもつ。むろん、こうした図式化はいまだ進行する事態の弁証法をいいあてるものではない。ハイデルベルクのシステム研究グループが、有益な例を報告している。アメリカの空軍司令部は学識ある渉外係を介して、大研究所の企画室に軍事技術と組織の問題の大要を報告させている。出発点にあるのは、まあそんなものが必要かな、といったあいまいな思いだった。問題のいっそう厳密な把握は、科学者としての訓練をうけた士官と企画指導者とのあいだの、長期にわたるコミュニケーションのなかではじめておこなわれた。だが、接触の成果は、問題設定の一致と定義の達成だけにかぎられず、さらに、もっと詳細な契約の締結へと事態はすすんだ。研究作業の進行中でさえ、所長から技師にいたるすべての次元で、委託をうけた機関の当該部局とのあいだに情報交換がおこなわれていた。問題が根本的に解決するまで、コミュニケーションはとだえてはならなかった。原理的な解決の見通しがついてはじめて、企画の目標は最終的に決着がつくからである。問題の前もっての理解と、委託者の実践的な必要は、理論的解決と必要充足の技術が、綿密に立案されたモデルとして提示されるのと歩調をあわせるとき、はじめて、それ自身はっきりしたものとなる。双方の当事者のあいだのコミュニケーションは、いわば実践と科学のあいだにはりめぐらされた合理的研究のネットワークであって、特定の工業技術や戦略の発展につれて、最初はあいまいだった前提的な利害を明確なものにし、定式化された科学的モデルのかたちでその意図を厳密に確定しようと思えば、このネットワークをたちきるわけにはいかない。むしろ、実践的な必要や、それに対応する目標や、価値体系そのものですら、技術的な実現可能性との関係のなかではじめて正確に確定される。政治的に行為する社会集団の状況理解は、利害の貫徹のために利用できる技術におおきく左右されるから、研究計画が実践的問題にうながされてたてられるのではなく、学者から政治家に提言されることもしばしばである。研究の状態を知っていれば、技術をあらかじめ計画し、そのあとで、あらたにうかびあがる実践的必要との関係をつけるといったことも可能である。むろん、問題を解決し、必要をうかびあがらせる、というここまでの過程は、科学と実践の翻訳の過程の半分をなすにすぎず、精密に意識化された問題状況の技術的な解決は、じっさいにその結果が姿をあらわす、歴史的状況の全体へとふたたび翻訳されねばならない。完成したシステムや仕上げられた戦略の価値を評価するためには、実践的な問題を前もって了解する、という、翻訳の過程の最初にあらわれた、具体的な行為連関にかんする解釈と同形式のものが、最終的にふたたび必要とされるのである。

政治的な委託者と企画研究の専門家とのあいだにおこなわれてきた、この翻訳過程は、大規模に制度化されてもいる。政府の水準でも、研究と開発を指導する官僚機構や、科学的な審議機関が設置され、その機能のうちには、またしても、科学の政治的実践への翻訳という独特の弁証法が反映している。アメリカ連邦政府は、そのような科学機関を三五も保持している。その枠組のなかで、科学と政治の持続的コミュニケーションが図られている。そうしたものがなければ、コミュニケーションは、特殊な委託研究を契機に一時的におこなわれるほかないだろう。アメリカの大統領が、第二次世界大戦に参戦する直前の一九四〇年に設立した、科学者のための政府委員会は、こんにちでは大審議機関によってはたされている、かのふたつの機能をひきうけていた。政策審議機関の課題は、一方で、行動者の状況理解を左右する主導的関心の地平にもとづいて、研究の成果を解釈するとともに、他方で、企画のよしあしを評価し、研究過程を実践的問題の方向に導くような計画を奨励し選択することにある。

こうした課題が個別的な問題の文脈をはなれ、研究の発展が全体として主題となるとき、長期的な研究政策の定式化をめぐって、科学と政治のあいだで対話がはじまる。それは、技術の進歩と社会的生活世界との自然発生的な関係を統制しようとするこころみである。技術の進歩の方向を左右するのは、こんにちなお、社会生活の再生産の必要から自然発生的に生ずる社会的利害であり、それは、それとして反省され、社会集団の明確な政治的自己了解をとおして統制されるにいたってはいない。そこで、あたらしい技術能力は、生活実践の現存形態のうちに不意に登場し、技術的処理能力の拡大可能性は、極度にはりつめた合理性と無反省の目標、硬化した価値体系、衰弱したイデオロギーとの不均衡を、いっそうあからさまにするばかりである。研究政策にたずさわる審議委員会は、研究部門の枠を超えたあたらしい型の未来研究をうみだしているが、それは技術の進歩の内在的な発展状態と進歩の社会的前提条件を、社会全体の教育水準とともにあきらかにし、こうして、自然発生的な利害関係をいつかはとりのぞこうとするものである。そこではまた、解釈学的な認識関心も研究の主題となっていて、たとえば、あたえられた社会体制やその自己了解を、事実的・可能的に利用しうる技術と対比するこころみがなされたり、また、こうしたイデオロギー批判の解明作業が進捗するにつれて、社会的必要や明確な目標をあらたに設定するこころみもなされている。長期的な研究政策の定式化、将来の科学情報を利用するあらたな産業の準備、これまでにない職種につく有能な後継者を育成するための教育システムの開発——これまで自然史的になされてきた、技術の進歩と大工業社会の生活実践との媒介を、意識的に制御しようとするこうしたこころみは、意志の啓蒙と能力の自己意識との弁証法を開発するものである。

大研究所の専門技術者と政治的委託者とのコミュニケーションは、個々の企画においては、客観的に限定された問題領域の枠内でおこなわれるし、科学審議委員と政府とのあいだの討論も、あたえられた状況と活用可能な能力の状態とにしばられているけれども、——社会全体の発展を計画する、というこの第三の課題にあっては、科学者と政治家の対話は特定の問題にかかずらう必要はない。その対話はたしかに具体的な状況にむすびつかねばならないし、しかも、一方では、社会的な伝統のありかたや社会的な利害状況に、他方では、技術的知識や工業的利用のあたえられた水準に、むすびつかねばならないけれども、それ以外の点では、内在的な可能性と客観的な結果に基準をおいた、長期の研究政策や教育政策のこころみは、われわれが以前の段階ですでに遭遇した弁証法にしたがわねばならない。つまり、社会的に潜在する技術的知識や能力とかかわりをもつ政治的行為者について、利害や目標にかんするその伝統的な自己了解をめぐってかれら自身を啓蒙し、同時に、明確化され、あらたに解釈された必要に照らして、技術的知識や能力を将来どの方向に発展させるべきかを、かれらに、実践的に判断させうるようにしなければならないのだ。この論究はひとつの円環をたえずめぐるものである。つまり、われわれが、技術的能力にかんする知識をもとに、歴史的に規定されたおのれの意志を所与の状況との連関で方向づけることができる範囲内でしか、技術的能力の拡大の将来の方向づけもまたできない、という円環を。

4

科学と政治のあいだの翻訳過程は、最終的には世論と関係する。この関係は、たとえば現行の体制規範という観点からすると、翻訳過程にとってはけっして外的なものではない。むしろそれは、技術的知識や能力と、必要充足を目標にかかげ、その目標を価値という形態に実体化する伝統的な自己了解とを対比する必要から、内在必然的に生じてくる。技術的知識と解釈学的自己了解との統合は、国民大衆からはなれた科学者の討論によって進行していかざるをえないから、そこにはつねにさきどりの契機がふくまれている。科学的に編成された政治的意志を啓蒙するには、合理的な拘束力をもつ討論を尺度にしつつ、相互に話しあう市民自身の地平から発するほかなく、また、そこにかえっていかねばならない。政治的な当該機関が、どんな意志を表現しているかを知ろうとする審議委員たちもまた、解釈学上の必然から、社会集団の歴史的自己了解に——最終的には、国民相互の会話に——参入しなければならない。それを解釈するには、たしかに解釈学のやりかたにしたがわねばならないが、しかし、解釈学は、歴史的にねりあげられた伝統的な解釈の独断的な核をときほぐすものではなく、たんにそれを説明するにすぎない。この自己了解を、社会的利害との連関から社会科学的に分析するというあゆみと、活用可能な技術や戦略を確保するというあゆみは、ふたつながら市民の会話圏を超えてすすむけれども、しかしこのあゆみの結果は、政治的意志を啓蒙するにあたっては、またしても、市民の意見交流の内部でしか有効な働きをなすことができない。というのも、技術的知識を尺度に必要の軽重を測っても、それを承認してもらうには政治的行為者自身の意識をもっぱら問題とするほかないからである。専門技術者は他人の承認を必要とするが、その他人とは、社会的必要のあらたな解釈や、問題状況を克服するために採用された手段を、自分の生活史を背景に擁護してくれるようなひとびとである。むろん、専門技術者は、承認を必要とする以上、いつでもすでにその承認を予測していなければならない。そして専門技術者たちが承認者のきもちをくみとろうとするかぎり、かれらは、歴史哲学を信じることまではできないにしても、歴史哲学的に考えるよう努力することになるし、また、そうすることを強いられる。

政治の科学化は、技術的知識を、あたえられた状況についての解釈学的に明確な自己了解へと統合しつつ進展していくものだが、その過程は、国民大衆にひろがりをもち、支配権力から自由になった科学と政治の一般的交流という条件のもとで、つぎのようなことが保証されるときにはじめて完成する。つまり、意志がじっさいにのぞむがままの啓蒙をうけていること、同時に、じっさい上の意志に啓蒙の作用が浸透し、あたえられ意志され創出可能となった境遇のもとで啓蒙の力がそれなりに発揮されること、このふたつが保証されねばならない。このような原理的な考察にあたっては、むろん、プラグマティズムのモデルを適用するための経験的条件が欠けている、という事態を見そこなってはならない。住民大衆の脱政治化と政治的公共世界の崩壊は、支配体制が実践的問題を公開討論からしめだそうとするところに生じてきたものなのだ。官僚的な支配の行使に対応するのは、むしろ、住民をひとまとめにしてその同意を得ようとする、示威的な公共性である。[*9] だが、体制の制約を度外視して、大衆のうちにはこんにちもなお公開討論の社会的基礎が見いだされる、と仮定したとしても、――重要な科学的情報を大衆に供給するのは容易なことではない。

応答能力があるかいなかはべつとしても、研究の成果は、実践的にどんなに有効なものでも、まさに政治的公共世界にとっては、近づくのがこの上なく困難である。以前には、工業的になんらか利用できる情報は、私経済的競争という理由で、秘密にされたり保護されたりしたものだが、こんにちでは、なによりも軍事機密規定が情報の自由な流通をさまたげている。発見と公開をへだてる滞留期間は、戦略的に重要な研究成果の場合には、すくなくも三年、それ以外でも、おおくは一年以上にわたっている。

科学と公共世界とのあいだには、さらにべつの垣根があって、コミュニケーションを原理的にさまたげている。わたしのいうのは、近代的な研究経営組織から生ずる官僚主義的閉鎖性のことである。

個人的な学識や、研究と教育のすきのない統一という形態がなくなるとともに、個々の研究者が、学生であれ教養ある素人であれ、多数のひとびとに接触するという、かつては当然のことと見なされていた自由な交流も、なくなってしまった。せまく限定された問題の解決をめざす、大研究経営体内の研究者は、もはや、聴取者大衆や読者大衆に情報を知らせるという、教育的ないしジャーナリズム的配慮にわずらわされることは実質的になくなっている。というのも、科学的情報をもとめて研究組織の門前にやってくるのは、いまや、すくなくも直接には、学生大衆や公開討論の世界ではなく、原則として、研究過程の成果に技術的利用という観点から関心をいだく、委託者だからである。以前には、文章表現という課題は、なお、科学者の考慮をわずらわす事柄であったが、大研究組織にあっては、それにかわって委託にかんする覚書や技術的助言に終始する研究報告があらわれている。

それとならんで、科学の内部ではたしかに公共世界が維持されているので、専門技術者たちは、専門雑誌や会議などで情報を交換している。だが、異常な難局があらたなコミュニケーションの形式を強要することでもないかぎり、科学の公共世界と文学の、まして、政治の公共世界とのあいだには、ほとんど接触を期待できない。研究の分化がすすんだ最近の百年間において、専門雑誌の数は一五年ごとに二倍の増加をしめしているという。こんにち、全世界にはすでに約五万種類の科学雑誌が発行されている。[*10] かくて科学的公共世界のうちで消化すべき情報が氾濫するとともに、見とおしがたくなった資料をまとめ、概観に便利なように整理整頓するこころみが増大してくる。

研究成果を報告する雑誌は、第一次情報という根本資料をおしひろげる、翻訳過程の第一歩をなすにすぎない。一連の定期刊行物が、異なった部門の科学者間のコミュニケーション、というおなじ目的で刊行され、それらはいわば、隣接分野の重要な情報を自分の仕事に利用しようとする科学者たちに、通訳の役を買ってでている。研究が専門化すればするほど、重要な情報が専門技術者のあいだでやりとりされるのに、とびこえねばならない距離がおおきくなる。たとえば、物理学者は、技術や化学のあたらしい発展を知るのに、『タイム・マガジン』をよまなければならない。ヘルムート・クラウフがいみじくも推定しているように、[*11]

ドイツでもすでに、異なった部門の科学者たちのあいだの情報交換は、大部の文献紹介から日刊紙の科学欄にいたる科学ジャーナリズムの翻訳活動をたよりとしている。たとえば、生理学、通信技術、大脳心理学、経済学などの領域の動向をにらみつつ自分のモデルをつくりあげ、およそかけはなれた部門の成果を結合するサイバネティックスの例を見ても、専門家のあいだの情報交流の持続の重要性は、容易に見てとれる。たとえ、その情報交換が、日常語や素人の常識、というながい迂路をとおっておこなわれねばならないとしても。じっさい、分業が高度なものになると、科学外の公共世界こそが、たがいにかけはなれた専門家のあいだの内的な理解を図るうえで、すでに多方面で最短距離となっている。こうした科学的情報の翻訳の要請は、研究過程そのものの必要から生じたものだが、しかしまたそれは、科学と政治的公共世界の大衆との、危機にさらされたコミュニケーションを再建するうえでも、有利に働いている。

同様に、競合する社会体制の平和共存をもとめる国際的な圧力が、科学と政治のコミュニケーションの阻害要因をとりのぞく働きをしている。科学的情報の自由な公開をさまたげる軍事機密規定は、オスカー・モルゲンシュタインが真先に指摘したように、*12 国際的に軍備管理の必要がいやます状況にあって、実情にあわなくなっている。威嚇の均衡がくずれて危険が増大すると、相互の監視にもとづく軍縮が必要となる。だが、軍縮の前提となる綜合的な監視体制が有効に働くためには、国際関係や戦略計画や、とりわけ軍事的に利用可能な潜在力にかんして、公開の原則が厳格になりたっていなければならない。こうした潜在力の核心をなすのは、またしても、戦略的に利用可能な科学研究である。だから、ひらかれた世界の構想がまず第一に要求するのは、科学的情報の自由な交換である。したがって、つぎのような推定に、すくなくとも、ある程度のよりどころがあたえられることになろう。すなわち、われわれは、こんにちまさに、全般的軍備拡張競争のあらわれとして、技術的に価値ある科学の、国家による独占という事態に近づきつつあるが、それはひとつの過渡段階をなすもので、最終的には、科学と公共世界の自由自在なコミュニケーションを基礎にして、集団的に情報を利用できるであろう、という推定に。

もちろん、科学に内在する翻訳の要請や、外部からやってくる研究情報の自由な交換の要請がどんなにつよくても、責任ある研究者が、最終的にみずから主導権をにぎるのでなければ、科学の結果がどのような実践的成果をもたらすかについて、応答能力のある公開世界で、真剣な討論を進行させるのには十分ではない。そうした討論の実現に有利な条件として、三つ目に、代表的な研究者が、科学者としての役割と国民としての役割の板ばさみになるところから生ずる傾向をあげておきたい。政治的実践にたいする科学の現実的な必要度がませばますほど、科学者は、自分のおこなった技術的助言を超えて、その助言によってひきおこされる実践的な結果に反省の目をむけることを、いまや、客観的に要請される。最初にそうした事態におおきく直面したのは、原子爆弾や水素爆弾の製造にとりくむ原子物理学者たちであった。

以来、指導的な科学者のあいだで、研究実践の政治的結果をめぐって討論がおこなわれている。たとえば、放射能の残留が、住民の現在の健康や人類の遺伝子にどのような損傷をあたえるか、といった問題をめぐる討論がその例である。だが、そうした例はごくわずかにとどまる。ともあれ、それらの例からわかることは、責任ある科学者が専門知識をはなれたところで、科学内の公共世界という制約をうちやぶり、世論に直接訴えかけるのは、特定の工業技術の選択にむすびついた実践的結果に背をむけるときか、特定の研究投資をその社会的効果のゆえに批判するときかのいずれかだということである。

こうした事態を見るかぎり、科学者のあつまる政策審議局ではじめられた討論が、原則として政治的公共世界というもっとひろい法廷にもちだされることは、長期的な科学政策の定式化をめぐる現在の、またドイツでは将来の、科学者と政治家の討論の場合と同様に、ほとんどのぞめないことである。

われわれがすでに見たように、それを可能にする条件がふたつの面でととのっていない。第一に、安定した体制のもとでは、国民大衆の公開討論をもはやあてにすることができない。第二に、大研究所の分業組織と官僚化した支配装置が、政治的公共世界を排除したところであまりにうまく作用している。われわれの関心は、相互交流する住民をおきざりにしたまま、生活にとって重要な潜在知識を有効にくみつくす指導集団をえらぶか、それとも、科学の情報そのものの流入をくいとめ、政治的意志形成過程への技術的知識の流入を制限する指導集団をえらぶか、という点にあるのではない。問題はむしろ、有益な知識の獲得が技術的操作をこととするひとびとだけにかぎられるのか、それとも、ひとびとのコミュニケーション言語のうちにも同時に回復されるのか、という点にある。科学化された社会が成熟するためには、科学と技術が人間の頭脳を通じて生活実践と媒介されるほかはない。

技術的知識を実践的知識にうまく翻訳し、それによって科学を手びきに政治的支配を合理化する独特の地平をきずきあげるには、政治的意志を啓蒙して、技術的能力にかんする知識をあたえるという、原理的に実行可能な作業が、冷酷な決断の余地を確保したいために不可能にされたり、技術至上主義の考えにもとづいて不必要とされたりすることがあってはならない。いずれの場合にも、結果はおなじで、可能な合理化の時期尚早な中断ということになる。政治的決定を物的強制の論理だけにしたがっておこなおうとする、技術至上主義者たちの幻想的なこころみもまた、工業技術的合理性の周辺に解決できない実践的残存物としてうかびあがるものを、むきだしの恣意にゆだねるほかはなく、結局のところ、決断主義に理をあたえることになってしまうだろう。

一九六三年

V——認識と関心

1

一八〇二年の夏学期に、イエナで、シェリングは、学術研究の方法に関する講義をおこなっている。ドイツ観念論に特有の話しかたで、かれは、偉大な哲学の伝統をそのはじまりから規定してきた、理論という概念を、あらためて強調している。「哲学的思考のまえにしりごみし、前進と称して理論から単純な実践へと移行すれば、行為のうえでも知識のうえでも、おなじように浅薄になるだけだ。厳密に理論的な哲学の研究によって、われわれはもっとも直接に理念にしたしむことができる。そして行動に重みと道徳的な価値をあたえるのは、理念を措いてほかにはないのである。」[*1] 行為をただしく導きうるのは、認識そのもの、単なる利害にとらわれないで理念をめざす認識、まさに、理論的立場を見いだした認識を措いてほかにはないのである。

理論ということばの起源は宗教的なものにまでさかのぼる。理論家《テオロス》[*2]（見る人）とは、ギリシャ都市が公共の祝祭劇のためにおくりだした代表者のことであった。テオリアにひたって、つまり、見物しつつ、かれは宗教儀式のなかに没頭していった。哲学的な語法では、テオリアは宇宙《コスモス》をながめるという意味に転用された。宇宙の直観という意味での理論《テオリア》は、すでに存在と時間のあいだの境界線を前提にしている。パルメニデスの詩において存在論を基礎づけるとされ、そして、プラトンの『ティマイオス』にふたたびとりあげられる境界線を。境界線のむこう、不安定と不確定の域を脱した存在を考察するのが論理《ロゴス》であり、こちら側のすぎさりゆくものの領域は臆見《ドクサ》にゆだねられる。ところで哲学者が不滅の秩序を直観するものであるとすれば、かれは宇宙の尺度に同化し、自己の内部にそれを模造しなければならない。かれは、自然のうごきや、音楽の調和的な進行のなかに直観される均衡を、自己のなかで表現し、模倣《ミーメーシス》によって自己を形成する。理論は、たましいが宇宙の秩序だったうごきに同化する過程で、生活実践のなかに入りこみ、生活にみずからの形式をおしつける。そして理論はその規律にしたがう人間のふるまいのうちに、民族精神《エートス》のうちに、反映する。

理論と理論的生活に関するこうしたとらえかたは、哲学をそのはじまりから規定してきた。

こうした伝統的な意味での理論と、批判という意味での理論との区別については、マックス・ホルクハイマーがかれのもっとも重要な研究のひとつで論じている。[*3] このテーマを、わたしは壮年時代をすぎようとするいま、ふたたびとりあげる。[*4] わたしは、ホルクハイマーの論文とほぼおなじころにあらわれた、フッサールの論文にふれつつ、問題を展開したい。[*5] フッサールは、当時、ホルクハイマーが批判的に対決した当の理論概念に導かれていた。フッサールは学問のなかにあるあれこれの危機を論じているのではなく、学問としての学問の危機を論じている。なぜなら「この窮迫した時代にあって学問はわれわれに語りかけるものをもたない」のだから。かれ以前のほとんどすべての哲学者と同様に、フッサールは、純粋理論と生活実践とをプラトン的にむすぶ認識の理念を、断固として批判の尺度にえらぶ。理論の情報内容ではなく、理論家自身における自覚的で教養ゆたかな習慣の形成こそが、最終的に、科学的文化をうみだすというのだ。ヨーロッパ精神のあゆみはそのような科学文化の成立をめざしているかに見えた。だが、フッサールによれば、この歴史的傾向は、一九三三年以後、危険にさらされている。危険はもともと外からではなく内からやってきている、という確信がかれにはある。危機の最終的な根拠は、もっともすすんだ学科、とりわけ物理学が、真に理論の名にあたいするものからはずれてしまった点にもとめられる。

2

では、現実の事態はどうなっているのか。学問に関する実証主義的な自己了解と、ふるい存在論とのあいだには十分に連関がある。経験的・分析的な学問は、哲学的思考のはじまりと無理なく連続するような自己了解にもとづいて、その理論を展開している。両者とも素朴な生活利害からくる、独断的な連関や刺激的な影響を脱した理論的立場にたって、法則のもとに秩序だてられた世界全体のありのままを理論的に記述する、という、宇宙論的な意図の実現をめざしている。これにたいして、すぎさりゆく事物や、たんなるおもいつきの領域にかかわる歴史的・解釈学的な学問は、すんなりとはこの伝統に還元されない。それは宇宙論とはなんの関係ももたない。だが、この学問も、自然科学のモデルにしたがって科学主義的意識をつくりあげる。伝承された意味内容も、観念的な同時性のなかに集積されると、事実の宇宙をかたちづくるかに見える。精神科学は、了解作用によって事実をとらえるもので、一般法則の発見をそれほど重視はしないとしても、経験的・分析的な学問とおなじように、構造化された現実を理論的立場で記述する、という方法意識はもっている。歴史主義は、精神科学の実証主義となっているのだ。

実証主義は社会科学のうちにも貫徹している。社会科学が、経験的・分析的行動科学の方法上の要求にしたがおうと、行動の格率を前提する規範的・分析的学問の範型にならおうと、そのことにかわりはない。[*6] 実践にちかいこの研究分野においても、価値判断からの自由という名のもとに、ギリシャ哲学における理論的思考のはじまりから現代科学にうけつがれている規範が、もういちど確認された。それは、心理的には、理論への無条件の帰依であり、認識論的には、認識と利害の分離である。論理的な水準でそれに対応するのは、記述命題と規範命題の区別であり、そのためには、認識の内容とたんなる情緒的な内容とを文法的に濾別することが必要となる。

だが、〈価値からの自由〉という用語からすでに想定されることだが、価値から自由であれ、という要請は、古典的な意味での理論にはもはや妥当しない。事実から価値を分離することは、純粋な存在に抽象的な当為を対置することである。このふたつは、かつて理論的探究の主眼であった、存在者という強調された概念にたいして、一世紀にわたる批判がおこなわれ、その結果生じた、名ばかりの分裂体である。学問の中立性に対立するものとして、新カント学派によって哲学的に流布された、価値という名称が、すでに、かつて理論的にめざされた連関を拒否している。

だから、実証科学は、偉大な哲学の伝統に則って理論という概念を保持しているけれども、それのもつ古典的な要求については、これを破壊している。実証科学に哲学的遺産としてうけつがれているものはふたつあって、ひとつは、理論的立場の方法的意味であり、もうひとつは、認識者から独立した世界の構造という存在論的な根本前提である。しかし他方、プラトンからフッサールにいたる哲学の底流をなしていた理論《テオリア》と宇宙《コスモス》、模倣《ミーメーシス》と理論的生活《ビオス・テオレティコス》の連関は、うしなわれている。かつて理論の実践的有効性をなすとされたものが、いまや、方法論的に忌避される。理論を生活形成の模範ととらえるとらえかたは、うたがわしくなってきた。表面的に直観される世界全体の均衡を模倣しつつ、これに同化する、というたましいのあの営為は、理論的認識をたんに規範の内面化の手段におとしめ、したがって、その本来の課題からとおざけるものなのだ――こんにちのわれわれにはそう思えるのである。

3

フッサールは、学問が事実上うしなっていた特殊な生活上の意義を、純粋理論の復興によってふたたびうちたてようと考えた。かれの批判は三段階にわけることができる。第一に批判は学問の客観主義にむけられた。客観主義にとって、世界は事実の宇宙として対象的にあらわれ、その法則的な連関は記述的にとらえることができる。だが疑似客観的な事実の世界に関する知識は、じつは、先験的に学問以前の世界に基礎をおいている。学問的に分析できる対象は、あらかじめ原初の生活世界の自明性のうちで構成されている。この生活世界の層で、現象学は、意味をうちたてる主体性の行為をあきらかにするのだ。第二にフッサールがしめしたかったのは、学問が原初の生活世界の利害状況から根本的にぬけだしていないために、行為する主体性が、客観主義的な自己了解のおおいに隠されて消えてしまう、ということであった。現象学によってはじめて、素朴な立場から厳密に哲学的な立場への移行が可能となり、認識が最終的に利害から解放されるのだ。最後にフッサールは、現象学的記述の名でよんだ超越論的自己反省を、純粋理論と、つまり伝統的な意味での理論と、同一視した。哲学者が理論的立場にたつためには、生活利害の網の目から自分をときはなつ転換が必要である。理論はその点で〈非実践的〉である。だからといって、それは実践的生活からわけへだてられているわけではない。理論がひかえめな態度を一貫してとりつづけることによって、まさしく、伝統的な概念にしたがえば、行動を導く教養がうみだされる。理論的立場は、ひとたびそれにしたしめば、実践的立場とふたたび媒介されるのである。「それはあらたな実践という形式のもとに生ずる。……あらたな実践とは、普遍的・学問的な理性により、人類をあらゆる形式の真理規範に即してたかめ、根本的にあたらしい人間——絶対的な理論的洞察にもとづく絶対的な自己責任にたえる人間——へとかえることを目的とする実践である。」

野蛮な勢力が抬頭した三〇年まえの状況を思いうかべるなら、現象学的記述に治癒力がある、という誓言を尊敬したくもなろうというものだが、それは根拠のない思いである。ともあれ、現象学は、意識が超越論的・必然的に働く場合の規範を把握した。カント的にいえば、それは、純粋理性の法則を記述したが、しかし、自由意志を方向づけることができるような、実践理性の普遍的立法の規範は記述しなかった。にもかかわらず、なぜフッサールは、純粋な理論としての現象学の実践的有効性を主張しうると信じたのか。そのあやまりは、かれが正当に批判した実証主義と、無意識のうちに伝統的な理論概念をひきだすもとになったかの存在論とのあいだの連関を、洞察しなかったことに由因する。

法則にかなった構造をもつありのままの事実、という幻影によって学問を眩惑し、こうした事実の構成の問題をおおいかくし、そのことによって、認識と生活世界の利害とのからみあいに目をつぶらせるところの、客観主義的な幻想にたいする、フッサールの批判は、正当であった。現象学は、そのことに目をひらかせるものである以上、それ自身は、そうした利害をぬけだしているかに見える。学問が僭称していた純粋理論という名称は、現象学にあたえられるべきである。認識の利害からの解放、というこの契機に、フッサールは実践的有効性への期待をつないだ。あやまりはまさしくそこにある。伝統的な意味での理論が生活のなかに入っていったのは、宇宙の秩序のうちに世界の観念的な連関を、つまり、人間世界の秩序の原型を、発見したと信じたからである。理論《テオリア》は宇宙論としてのみ行動を導く理論ともなることができたのだ。だから、フッサールは、古代の理論からその宇宙論的な内容を先験的にぬぐいさり、理論的立場といったものを抽象的に固定化しただけの現象学に、生活形成過程などはまったく期待すべきではなかったのだ。理論が生活形成とむすびついたのは、理論によって認識が利害からきりはなされたためではなく、逆に、本来の利害がおおいかくされて疑似規範的な力が理論に生じたからであった。フッサールは学問の客観主義的自己了解を批判しつつも、伝統的な理論概念にはやくから一貫してまつわりついていた、もうひとつの客観主義に陥っているのである。

4

ギリシャ的伝統のなかでは、哲学でたましいの力に矮小化されている力が、なお、神々もしくは超人間的威力としてあらわれる。哲学はその力を飼いならし、内面化された魔力としてたましいの領域にとじこめた。しかし、不安定で偶然的な実践の利害連関のなかに人間をまきこむ衝動や情感が、こうした観点のもとにとらえられる場合には、このような情感からの純化を約束する純粋理論の立場も、あたらしい意味を獲得する。利害にとらわれない直観とは、ここではあきらかに、解放を意味するのだ。認識を利害から分離することは、理論を主観性のにごりから清めるといったことではなく、逆に、主観を情念から純化し超然たらしめることだ。浄化作用が、ここではもはや、秘儀によって達成されるのではなく、個人そのものの意志の内部で、理論によって確立されるのだが、そのことは、解放のあたらしい段階をしめしている。ポリスの人間関係において、個々人の個体化は、個別自我の同一性が、宇宙秩序の抽象的法則に同化することによってのみ一定程度樹立される、というところにまですすんでいた。原始の力から解放された意識は、いまや、自立し安定した宇宙の統一性と、不動の存在の同一性のもとに、やすらぎの地を見いだしている。

だから、魔力をとりのぞかれて自由になった世界を、理論的に確認するには、存在論上の区別にたよるほかはなかった。同時に、純粋理論の幻想は、以前の段階への逆もどりをふせいだ。純粋存在の同一性が客観主義的な幻想だと洞察されていたならば、そのもとで自我の同一性が形成されることはできなかっただろう。利害が駆逐されることは、なお、利害そのものにかかわることであった。

だが、事情がそうだとすれば、ギリシャ的伝統のもっとも有力なふたつの契機、つまり、理論的立場と、構造化された世界そのものという存在論的な根本仮定とは、禁じられた連関に、つまり認識と利害の連関に、くみいれられることになる。ここで、われわれは、ふたたびフッサールによる学問の客観主義の批判にかえってくる。ただ、モチーフは、いまや、フッサールにむけられている。認識と利害のひそかな連関がのこっている、と推定されるのは、学問が古典的な理論概念をぬけだしているという理由からではなく、それから十分に解放されていないからである。客観主義の嫌疑をかけられるのは、生活形成要素が排除されたあとになっても、純粋理論という存在論的幻想が、哲学的伝統としてつねに学問に欺瞞的にまといついているからである。

われわれは、フッサールとともに、理論的な言明を無邪気に事象と関係させる立場を、客観主義的とよぶ。その立場にたてば、理論的言明のうちに表現される経験的なものの大きさは、現実そのままをしめすと考えられる。同時に、そうした言明の意味をうちたてるのにどうしても必要な、超越論的な枠組は、なげすてられる。言明が、あらかじめ設定された関連体系との相関関係において理解されるや、客観主義的幻想はきえうせ、認識を指導する関心への視野がひらけてくる。

研究過程の三つのカテゴリーについて、論理的・方法論的規則と認識を指導する関心との特殊な連関を指摘できる。それは、実証主義の陥穽をまぬかれた批判的学問論の課題である。[*7] 経験的・分析的な学問の発端には技術的な認識関心が、歴史的・解釈学的な学問の発端には実践的な認識関心が、批判的に方向づけられた学問の発端には、すでに見たように、伝統的な理論の底にすでにひそかによこたわっている解放的な認識関心が入りこむ。わたしはこのテーゼを、いくつかの例を参照しつつ説明したいと思う。

5

経験的・分析的な学問においては、経験科学的に可能な言明の意味をあらかじめ決定する関連体系によって、理論を構築するための規則のみならず、理論を批判的に吟味するための規則も指定される。[*8] 理論を構成するのは、経験内容のゆたかな法則仮説から推論できる命題の、仮説的・演繹的連関である。この命題は、観察可能なおおきさをもった共変数に関する言明と解釈され、初期条件があたえられれば予測可能である。だから経験的・分析的な知識は可能的・予測的な知識である。むろん、そのような予測の意味、つまり、その技術的利用可能性は、理論を現実に適用する際の規則からしてはじめてあきらかになる。

しばしば実験というかたちをとる統一的な観察においては、初期条件をつくりだし、遂行される操作の結果を測ることができる。ところで、経験論は、基本命題のうちに表現された観察に関して、客観主義的な幻想をいだきたがる。そこには明白に直接的なものが、主観の助力なしに信頼すべくあたえられている、というわけだ。ほんとうは、基本命題は、事実そのものの模写ではなく、むしろ、われわれの操作の首尾・不首尾を表現したものなのだ。事実や事実相互の関係が記述的にとらえられる、ということはできる。しかし、そういういいかたをしたからといって、経験科学的に重要な事実そのものを構成するためには、道具を用いた行為の機能領域のうちで、われわれの経験があらかじめ組織されねばならない事実を、わすれてはならない。

ふたつの契機、つまり、認められた言明体系の論理構造と、吟味条件の型とをあわせ考えると、経験科学の理論は、さまざまな情報にもとづいて、できるだけ行動の結果を確実かつ広範囲に統制することを主要な関心事として、現実の解明へとむかうことが示唆される。これは、対象化された過程の技術的処理にかかわる認識関心である。

歴史的・解釈学的な学問は、べつの方法論的な枠組のなかで認識を獲得する。ここでは、言明が妥当かどうかは、技術的処理の関連体系のなかで決定されはしない。形式化された言語の水準と、客観化された経験の水準とは、いまだ区別されてはいない。理論は演繹的に構成されていないし、経験も操作の成否を考慮にいれて組織されてはいないのだから。観察にかわって、ここでは、意味の了解が、事実にいたる通路をきりひらく。法則の仮説の体系的な吟味にあたるものは、ここでは、文献の解釈である。したがって解釈学の規則が精神科学の言明の可能な意味を決定する。[*9]

こうして、意味の了解によって精神の事実があきらかになるとされるが、歴史主義の立場にたつと、この意味了解が、純粋理論の客観主義的幻想にむすびつく。そして、解釈者は、あたかも、伝承された文献の意味を解きあかしてくれる世界もしくは言語の地平に足をふみいれたかの観を呈する。だがここでも、事実は、それを確定する基準との相関関係のなかで、はじめて構成される。実証主義的な自己理解が、測定操作と結果の統制との連関をはっきりと考慮にいれはしなかったように、ここでもまたそれは、解釈の出発点にからみつき、解釈学的な知識にたえず介在する解釈者の予見を、無視する。伝承された意味の世界が解釈者に開示されるのは、解釈者自身の世界が同時にあきらかになるかぎりにおいてである。了解者はふたつの世界を交流させる。かれは伝統を自分および自分の状況に適用することによって、伝統の実質的な内容をとらえるのである。

しかし、このように、方法論的な規則によって解釈と応用が統一されるとすれば、解釈学的な探究は、行動を導くような理解を共有する相互主体性の維持と拡大を主要な関心事として世界を解明する、ということができる。意味了解は、その構造からして、伝承された自己理解の枠内での行動にかんする、可能な一致の獲得をめざしている。われわれはこれを、技術的認識関心とは区別して、実践的認識関心と名づける。

体系的な行為科学、つまり経済学、社会学、政治学は、経験的・分析的な自然科学と同様、法則的な知識をもたらすことを目標としている。[*10] 批判的社会科学は、むろん、それだけにあまんじてはいない。さらにすすんで、どういう場合に社会的行動一般の不変の法則が理論的に言明され、どういう場合にイデオロギー的に硬直化した、しかし原理的には可変の従属関係が、理論的に言明されるのかを、吟味しようとする。そのかぎりで、イデオロギー批判は、精神分析と同様に、当事者自身の意識の法則連関に関する情報がえられれば、反省作用が前進すると考え、そのような法則の初期条件をなす非反省的意識の段階が、反省作用によって変化することを期待している。こうして、批判的に媒介された法則の知識は、反省によって、法則そのものを、妥当しないとまではいかなくとも、応用できないものにすることができるのである。

批判的言明のカテゴリーが妥当するかどうかを確定する、方法論的な枠組は、自己反省の概念を基準にしている。自己反省は、主体を、実体化された力への従属から解放する。自己反省は、解放的な認識関心の一部をなすものである。批判的に方向づけられた学問は、哲学とともにそこにかかわっている。

むろん、いまだ存在論にとらわれているかぎり、哲学自体、認識と成熟への関心とのあいだにつながりがあるとする、客観主義の支配下にある。哲学が、科学の客観主義にむけた批判を、自分のなかにある純粋理論の幻想にもむけるとき、それははっきりと客観主義のくさりをたちきり、無前提の哲学をよそおったがために、回収しようとして回収できなかったその力を、獲得するのである。[*11]

6

認識を指導する関心という概念のうちに、あらためてその関係が解明さるべきふたつの契機、すなわち認識と関心は、すでにともにふくまれている。日々の経験からして、われわれは、自分の行動の本当の動機を隠して、行動を正当化する別の動機をもちだすのに、いろいろな観念がしばしば役に立つことを知っている。この水準で合理化とよばれるものが、集団的行動の水準では、イデオロギーと名づけられる。いずれの場合にも、言明のおもてむきの内容は、見かけだけ自立的な意識が無反省に利害とむすびつくというかたちで、偽造される。だから思考の鍛練にたずさわる学科において、そのような関心の排除をめざすことはただしい。すべての学問において、主観的な思いつきを予防する訓練はおこなわれている。そして個人よりも社会集団の客観的な位置から生じる、根ぶかい利害関心がどうしようもなく影響をおよぼす点については、それをふせぐべく、知識社会学というあたらしい学科すらうまれている。だがそれは事柄の一面にすぎない。学問的言明の客観性は、特殊な利害関心の圧力や誘惑に抗して、はじめてかちとられるものであるがゆえに、他方で、学問は、みずからの推進力となるばかりか、可能な客観性の条件ともなる、根本的な利害関心をとらえそこなうのである。

技術的処理や、生活実践的了解や、自然発生的強制からの解放やをめざすとき、特殊な視点を確定する必要があって、われわれは、その視点にたってはじめて実在そのものをとらえることができる。世界把握の可能性が、この視点を、超えがたい限界としてなりたつことに気づくとき、自然の一部は自然のなかで自立性を獲得する。認識が自己に内在する利害関心にともかくもうちかちうるとすれば、その方途は、哲学的意識にとって、その綜合の絶対的前提である主体と客体の媒介が、もともと利害関心によってうちたてられていると洞察することにある。精神は、反省することによって、この自然の土台に気づくことができる。だが、その力は研究の論理にまでおよんでいるのである。

模写や記述は、けっして人工的な基準から独立におこなわれるものではない。そして、基準の選択は立場によってちがってくるが、その立場は、論理的に推論することも経験的に証明することもできないから、議論によって批判的に考量されるほかはない。方法論的にいって根本的な決断、たとえば範疇的な存在と非範疇的な存在、分析命題と綜合命題、記述的内容と情緒的内容のどちらをえらぶか、といった根本的な区別は、恣意的でも強制的でもない、という独特の性格をもっている。[*12] それは適当であるか、不適当かのいずれかである。なぜなら、それを判定する尺度は、確定も模写もできず、出くわすほかはない、利害関心の超越論的な必然性だからである。だから、わたしの第一のテーゼはこうである。超越論的主体の行為は人類の自然史に基礎をおく。

それだけとりだせば、このテーゼは、人間の理性が動物の爪や歯のように適応の器官であるとする誤解に導く危険性をもっている。たしかに理性は適応の器官でもある。しかし認識を指導する関心の根底にある、自然史的関心は、自然から生ずると同時に文明による自然との断絶からも生じてくる。そこには自然的衝動の貫徹という契機とともに、自然的強制からの解放という契機がふくまれる。いかにも自然的と見える自己保存の関心すら、すでに、人間の組織構造上の欠陥をおぎない、外部からおそいかかる自然に抗して、人間の社会的生存を確保する社会組織にささえられている。だが社会は自己保存のシステムにとどまるものではない。リビドーとして各人のうちに存在する蠱惑的な自然は、自己保存の機能範囲からぬけだして、ユートピア的な充足を追求する。集団的な自己保存の要求とはもともと相容れない、こうした個人的欲求をも、社会組織は自己のうちにとりいれる。したがって、社会化とわかちがたくむすびついている認識過程は、生活の再生産の手段として機能しうるのみならず、同様に、この生活の定義にまで影響をおよぼす。たんに生きのびただけと思えることも、かならずすでに歴史的なおおきさをもっている。なぜなら、それは、一社会がよき生活としてなにをめざしているかによって、測られるからである。だから、わたしの第二のテーゼはこうである。認識は自己保存の道具であるとともに、たんなる自己保存を超えでている。

現実を先験的・必然的にとらえる特殊な視点の相違に応じて、可能な知識の三つのカテゴリーが確定される。技術的な処理能力を拡大する情報、共通の伝統のもとでの行動の方向づけを可能にする解釈、意識を基底にある力への従属から解放する分析、この三つがそれである。そうした視点は、ある種の利害連関から発するが、その連関は、もともと社会化の特定の媒体、すなわち、労働、言語、支配とむすびついている。人類は、社会的労働と暴力的自己主張のシステムのなかで、日常言語による会話をかわしつつ伝統的な共同生活をおくることによって、そして、個人化の各段階で、個々人の意識を集団の規範との相関関係のなかであらたに確立する自我同一性のたすけをえて、自己の生存を確保する。したがって認識を指導する関心は、学習過程で外部の生活条件に順応し、教養過程で社会的生活世界の人間関係になれしたしみ、衝動的な欲求と社会的強制の相剋のなかで同一性をうちたてるところの、自我の諸機能と密接に関連している。これら自我の行為は、ふたたび、社会が蓄積した生産力に、社会解釈の出発点となる文化伝承に、社会がうけいれたり批判したりする法制に、入りこむ。だから、わたしの第三のテーゼはこうである。認識を指導する関心は労働、言語、支配という媒体のうちで形成される。

むろん認識と関心の位置は、三つのカテゴリーすべてにおいておなじというわけではない。たしかに、無前提の自立性のなかでまず現実が理論的に把握され、しかるのちに、その認識が認識とは異質な関心に役立てられるという考えは、この水準ではつねに幻想である。だが、精神は、あらかじめ主体と客体をむすびつけた利害連関のほうへ反転することはできる。そしてそれは、自己反省によってのみなしうることだ。自己反省によって、われわれは利害関心を廃棄することはできないにしても、いわばそれをたぐりよせることができるのである。

自己反省の尺度が、他のどんな認識過程の基準の場合にも批判的に検討する必要のある、あの独自の浮遊状態からぬけだしているのは、偶然ではない。尺度は理論的にたしかなのである。成年性への関心は、念頭に思いうかべられるばかりでなく、アプリオリに洞察できる。自然からとりだされたものだけが、その本性に即して知ることができる。そして言語とはまさにそうした事象なのだ。言語の構造とともにわれわれにたいして成年性が定立される。最初の命題によって、普遍的な、強制されない同意の意図が、誤解の余地なく言明される。成年性という観念は、哲学的に伝承された意味でつかうことのできる唯一のものである。だから、ひょっとすると、〈理性〉に意志と意識との両契機をふくませるドイツ観念論の語法は、それほど時代おくれでないのかもしれない。理性は同時に理性への意志を意味する。自己反省のなかで、認識のための認識は成年性への関心と一致するにいたる。解放をめざす認識関心は、反省そのものの完成を目標としている。だから、わたしの第四のテーゼはこうである。自己反省の力によって認識と利害関心は一体となる。

むろん成員が成熟に達した、解放された社会において、はじめて、人間のコミュニケーションは、支配なき、万人の万人との対話へと発展する。相互に形成された自我の同一性という範型や、真の一致という理念は、いずれもすでにそうした対話をもとに考えだされたものである。そのかぎりで、言明の真偽は、生活の成否に関する予見にかかっている。認識を指導する関心をおおいかくす、純粋理論の存在論的幻想は、あたかも、ソクラテス的対話が普遍的で、いつの時代にも可能であるかのような虚構をつくりあげた。哲学は、最初から、言語の構造とともに定立される成熟が、予見されるばかりか、現実的でもある、と考えてきた。まさしく、一切を自分自身のなかからくみだそうとする純粋理論は、みずから排除した外界の掌中におちこみ、イデオロギー的になる。つぎつぎとあらわれる真剣な対話をゆがめ、強制なきコミュニケーションの軌道をたえずふみはずしてでてくる暴力の痕跡を、歴史の弁証法的なあゆみのなかに発見するとき、はじめて哲学は、そうでなければとめるのが妥当だと考えたであろう過程を、つまり、人類の成熟への前進をおしすすめる。だから、第五のテーゼとしてわたしはつぎの命題を主張したい。認識と利害関心の統一は、抑圧された対話の歴史的な痕跡をもとに、抑圧されたものを再構成する弁証法のうちに確証される。

7

学問は哲学からひとつのもの、つまり純粋理論の幻想をうけとって、これを手ばなさなかった。幻想は、研究という実践面ではなく、学問の自己了解にかげをおとす。そして、この自己了解は、実践に反作用をおよぼすかぎりで、立派な意味さえもっている。

たしかに、みずからの方法を、認識を指導する利害関心への反省を欠いたまま、大胆に適用することは、学問の誇りである。学問は、自分のおこなっていることを方法論的に知らない場合のほうが、かえって各部門については、つまり、問題のない枠内での方法論的進歩については、つよい確信をもつことができる。あやまった意識が防御の働きをしているのだ。

なぜなら、自己反省の水準では、認識と関心の連関の危険がひとたび透視されても、それに対処する手段を、学問はもたないからである。ファシズムがアーリア物理学という奇形児をうみおとし、スターリニズムがたしかにもうすこしまじめにうけとめるべきソヴィエト・マルクス主義遺伝学という奇形児をうみおとすことができたのは、ひとえに客観主義の幻想が欠如していたからである。もしそれが存在していれば、反省を邪道に導く、というういっそう危険な魔力にたいしては、免疫ができていたであろう。

客観主義礼讃にはむろん限度がある。フッサールの批判は、手段はただしくなかったとはいえ、限度はわきまえていた。客観主義の幻想が世界観として肯定されるやいなや、方法論的に無意識な学者のもつ苦悩が、科学主義的信仰告白といういかがわしい徳に転化する。客観主義は、フッサールの信じたように、科学が生活実践に関与することをけっしてさまたげはしない。学問はさまざまに生活実践にくみこまれている。だが、行動の合理性の増大という意味での学問の実践的有効性は、おのずから開発されるといったものではない。規範的な学問の実証主義的自己了解からすると、合理的な行動を技術でおきかえることがむしろ推奨される。そこに見られるのは、歴史を実践的に支配することが、対象化された過程を技術的に処理することに帰着する、という幻想的な視点から、経験科学の情報を利用しようとするこころみである。解釈学的な学問の客観主義的な自己了解も、それにおとらぬ影響力をふるう。この自己了解は、活き活きとした伝統を反省的に獲得することをわすれて、伝統から不毛な知識をひきだすだけで、つまりは、歴史を博物館に封じこめる。事実を形成する理論、という客観主義の立場に導かれて、規範的な学問と解釈学的な学問は、相おぎないあうような実践的結果をもたらす。後者が、伝統の連関を意味なき事実の羅列に追いやるとすれば、前者は、歴史を排除した真白な地盤のうえで、生活実践を、もっぱら道具を用いた行動の機能範囲にとじこめる。だから、行動する主体が、目標や目的について合理的に了解しあえる次元は、具体的な価値秩序と不明確な信仰の力のどちらをえらぶか、というだけのあいまいなものになっている。[*13]すべての優秀な精神の持主が見すてたこの次元を、しかもなお、古代哲学のごとく、歴史に客観主義的に関係する反省によってものにするならば、かつてコントにおいて見られたように、最後に勝ちをしめるのは実証主義である。批判者が、自分自身と、解放をめざす認識関心との連関を、無批判に拒否して純粋理論につくとき、そうした事態が生ずる。そのような途方もない批判に身をよせれば、人類の進歩の未決の過程は、独断的に行動を指示するような歴史哲学の水準をうごきまわることになる。しかし、ひとを盲目にする歴史哲学は盲目的な決断主義の裏面にすぎない――純粋理論にとどまる、という意味に誤解された価値の中立性とあまりにもうまく調和するのは、官僚的にこりかたまった党派性である。

偏狭な科学主義的学問意識のこうした実践的な結果[*14]にたいしては、客観主義的な幻想を破壊するような批判をむけることができる。もちろん、客観主義は、フッサールの夢想するように、あらたな理論《テオリア》の力によってうちやぶられるのではなく、それがおおいかくしているものを、つまり認識と関心の連関を、立証することによってのみうちやぶられる。哲学はその偉大な伝統にあくまでも忠実たらんとすれば、伝統を拒絶しなければならない。言明の真偽が、究極的には、ほんとうの生活をめざす志向によってきまる、という洞察は、こんにちでは、ただ存在論のかけらのうえに保有されているだけである。むろん、哲学によって批判的に放逐された伝統の遺産が、学問の実証主義的な自己了解のうちに生きつづけるかぎり、哲学も他の学問とならんで、公共の意識のそとにある一専門分野にとどまるのである。

一九六五年

原註

I――労働と相互行為

＊1――「共同体の倫理の体系」はラッソン版では *Hegels Schriften zur Politik und Rechtsphilosophie*, S. W. Bd. 7, Leipzig 1923. S. 415-499 におさめられている〔上妻精訳『人倫の体系』以文社、一九九六年〕。「イエナ精神哲学」のふたつの草稿はおなじくラッソン編集の *Jenenser Realphilosophie* I, S. W. Bd. 19, S. 195 ff. と *Jenenser Realphilosophie* II, S. W. Bd. 20, S. 177 ff. におさめられている〔加藤尚武監訳『イェーナ体系構想』法政大学出版局、一九九九年〕。

＊2――G. Lukács, *Der junge Hegel*, Berlin 1954.〔生松敬三・元浜晴海・木田元訳『若きヘーゲル』上・下、白水社、一九六九年〕

＊3――このテーゼは講義の構成によっても裏書きされる。言語、道具、家族財産というカテゴリーは外的存在の次元に達しているから、後期の整合的な体系区分にしたがえば、客観的精神の形態に属する。ところがイエナ講義では、それらは客観的精神に対応する現実的精神の名称のもとにあらわれないで、すでに「精神哲学」の第一部、編集者が主観的精神という体系的表示をえらんだ箇所に登場している。ところで『エンチュクロペディー』の用語

法によれば、主観的精神とは、認識し行動する主体の自己自身との関係を特徴づける規定にすぎない。言語の客体化(伝承された記号)、労働の客体化(生産力)、相互行為の客体化(社会的職務)はそうした規定にあてはまらない。むしろヘーゲルはそれらにおいて、中間項の組織という精神の本質を例示している。イエナ時代の表現は、あきらかに、いまだ後期の体系構成にしたがってはいないのだ。主観的精神の段階は〈現実的精神〉のまえにくるのではなく、〈抽象的精神〉とでもよぶほうがいっそうふさわしい一章をなす。そこでは、記号表現、労働、相互行為の根本的な連関のうちにうちたてられる知性と意志の統一という意味での、精神の抽象的な規定があたえられるのであって、ここにいう抽象とは、精神の形成過程から精神の外的存在を構成する一切の客体化をとりさったとき、主観的精神がのこるという意味ではないのである。

*4——Hegel, *Sämtliche Werke*, Bd. 5, S. 14.
*5——Vgl. D. Henrich, *Fichtes ursprüngliche Einsicht*, Frankfurt a. M. 1967.
*6——エミール・デュルケームは、個別化の進行は社会化として、そして社会化は個別化としてしか考えられないという視点にたって、すでに最初の大著『社会的分業について』(一八九三年)で、社会学的行動理論の概要を展開した〔田原音和訳『社会的分業論』青木書店、一九七一年〕。
*7——*Jugendschriften*, ed. Nohl, S. 379.

＊8——*Realphilosophie* II, S. 201.〔加藤前掲訳書、一四八頁〕

＊9——*Realphilosophie* I, S. 230.〔同上書、七九－八〇頁〕

＊10——プラグマティズムの自然主義的な前提にもとづいて、G・H・ミードは、死後出版された『精神、自己、社会』（一九三四年）のなかで、自我の同一性は社会的役割を体得することによって、つまり、相互承認を基盤に相手の行動を予想しあうという関係になれしたしむことによって、はじめて構成される、というヘーゲルの洞察を反復している〔稲葉三千男・滝沢正樹・中野収訳『精神・自我・社会』青木書店、一九七三年〕〔河村望訳『デューイ＝ミード著作集 6 精神・自我・社会』人間の科学社、一九九五年〕。

＊11——*Realphilosophie* I, S. 230.〔加藤前掲訳書、八一－八二頁〕

＊12——Vgl. K. Heinrich, *Von der Schwierigkeit Nein zu sagen*, Frankfurt a. M. 1965.

＊13——*Grundlegung zur Metaphysik der Sitten*, BA 98.〔野田又夫訳『人倫の形而上学の基礎づけ』中央公論社、一九七九年、二八三頁〕〔平田俊博訳「人倫の形而上学の基礎づけ」『カント全集 7 実践理性批判・人倫の形而上学の基礎づけ』岩波書店、二〇〇〇年、七七頁〕

＊14——Ebd. S. 100 f.〔同上書、二九三頁〕〔同上書、九二頁〕

＊15——*Enzyklopädie* §§ 504 ff.〔船山信一訳『精神哲学』下、岩波文庫、一九六五年、二〇五－二一二頁〕

＊16――*Jugendschriften*, ed. Nohl. S. 278.〔伴博訳『キリスト教の精神とその運命』平凡社ライブラリー、一九九七年、一〇二頁〕
＊17――*Realphilosophie* I, S. 205.〔加藤前掲訳書、二一頁〕
＊18――*Realphilosophie* I, S. 211.〔同上書、三七頁〕；これについてはK. Löwith, *Hegel und die Sprache*, in: *Zur Kritik der christlichen Überliefelung*, Stuttgart 1966. S. 97ff. を参照せよ。
＊19――*Realphilosophie* I, S. 221.〔同上書、六三頁〕
＊20――*System der Sittlichkeit*, in : Lasson, *Schriften z. Pol.*, S. 428.〔上妻前掲訳書、三六頁〕
＊21――*Realphilosophie* II, S. 197.〔加藤前掲訳書、一四二―一四三頁〕引用文中の（ ）内の補足はハーバマスによる。
＊22――*Realphilosophie* II, S. 199.〔同上書、一四四―一四五頁〕
＊23――自己を実現する精神の目的論とまったく対応しないこの関係にたいして、ヘーゲルの『論理学』はそれにふさわしいカテゴリーを全然用意していない。
＊24――*Kritik der Urteilskraft* B., S. 388 ff.〔篠田英雄訳『判断力批判』下、岩波書店、一三一―一四〇頁〕〔宇都宮芳明訳『判断力批判』下、以文社、一九九四年、一八二―一八九頁〕
＊25――「道具は人間の物質的な破壊をふせぐ。しかし、そこには人間の活動はある。……機械の場合には、人間はこの形式的な活動すら放棄し、すべての労働を機械にゆだねる。しかし、人間が自然にたいして行使するあの欺瞞は……人間自身にはねかえってくる。人間が自然

を征服すればするほど、人間自身はちっぽけなものになる。自然をさまざまな機械によって加工するとき、人間は労働の必要がなくなるわけではなく、ただ人間の労働がおしだされ、自然からとおざかり、活き活きとした自然に活き活きとむかうことがなくなるだけである。この活気がぅせると、人間にのこされた労働そのものが機械的になる。」(*Realphilosophie* I, S. 237.〔加藤前掲訳書、九五－九六頁〕) ところで、技術的進歩は、織物機械のあの初歩的な段階をはるかに超えてすすんでいる。われわれはいま、合目的的行為の体系を自動制御装置によって操縦するという段階に直面している。そして、老獪な意識が意識の行動と見せかける機械によって、いつの日にかだまされるということがおこらないともかぎらない。そのときには、統制力をうしなった労働者は、これまで、疎外された労働の持続というかたちで支払わねばならなかった、技術的処理能力の増大にたいする代価を、もはや払う必要がなくなり、労働そのものが時代おくれになるだろう。

＊26――*Realphilosophie* I, S. 235.〔同上書、九〇－九一頁〕
＊27――*Realphilosophie* II, S. 221.〔同上書、一七六頁〕
＊28――*Realphilosophie* II, S. 218.〔同上書、一七二頁〕
＊29――*Realphilosophie* II, S. 219 f.〔同上書、一七四頁〕
＊30――*System der Sittlichkeit*, a. a. O., S. 442.〔上妻前掲訳書、六〇－六二頁〕
＊31――*Enzyklopädie* §§ 433 ff.〔船山前掲訳書、五二－五七頁〕

＊32――*Enzyklopädie* §§ 384.〔船山前掲訳書、四一‐四六頁〕

＊33――*Über die wissenschaftlichen Behandlungsarten des Naturrechts*, Jubiläumsausgabe Bd. I, S. 500.〔平野秩夫訳『自然法学』勁草書房、一九六三年、一七五‐一七六頁〕

＊34――Ebd.〔同上書、一七六頁〕

＊35――Vgl. J. Habermas, *Hegels Kritik der französischen Revolution*, in: *Theorie und Praxis*^{2}, Neuwied 1967〔細谷貞雄訳「フランス革命にたいするヘーゲルの批判」『理論と実践』未来社、一九七五年〕；それにわたしの *Hegels politische Schriften*, Frankfurt a. M. 1966 へのあとがきを参照されたい。

＊36――K. Löwith, *Von Hegel zu Nietzsche* (1961)〔柴田治三郎訳『ヘーゲルからニーチェへ』1・2、岩波書店、一九九二年〕また論文集である *Die Hegelsche Linke*, Stuttgart 1962 へのレーヴィットの序論を参照せよ。

＊37――Vgl. J. Habermas, *Erkenntnis und Interesse*, Frankfurt a. M. 1968, bes. Kap. 3.〔奥山次良・八木橋貢・渡辺裕邦訳『認識と関心』未来社、一九八一年〕

II――〈イデオロギー〉としての技術と科学

＊1――*Industrialisierung und Kapitalismus im Werk Max Weber*, in: *Kultur und Gesellschaft II*, Frankfurt a. M. 1965.〔徳永恂訳「マックス・ウェーバーにおける産業化と資本主義」、

井上純一他訳『文化と社会』下、せりか書房、一九七二年〕

＊2――*Trieblehre und Freiheit*, in: *Freud in der Gegenwart*, Frankf. Beitr. z. Soz. Bd. 6, 1957.

＊3――Ebd. S. 403.

＊4――*Der eindimensionale Mensch*, Neuwied 1967, S. 172 ff.〔生松敬三・三沢謙一訳『一次元的人間――先進産業社会におけるイデオロギーの研究――』河出書房新社、一九八〇年、一七八－一七九頁〕

＊5――Ebd. S. 180 f.〔同上書、一八六－一八七頁〕

＊6――Ebd. S. 247.〔同上書、二六〇頁〕

＊7――「この法則は技術内部の出来事を、つまり、全体として人間によって意志されてはいない経過を、表現している。この法則は、人間の文化史総体を、いわば背後から、あるいは、本能的に、とらえるものである。さらにこの法則の意味においては、技術の発展は、最高度に完全な自動化の段階を超えることはありえない。人間的な活動領域のうちで人間が対象化しうるものを、これ以上あげることはできないのだから。」(A. Gehlen, *Anthropologische Ansicht der Technik*, in: *Technik im technischen Zeitalter*, 1965.)

＊8――*Der eindimensionale Mensch*, a. a. O., S. 246.〔生松・三沢前掲訳書、二五九頁〕

＊9――Ebd. S 168 f.〔同上書、一七四頁〕

＊10――これらの概念の哲学史的文脈については、レーヴィット祝賀記念論文集へのわたしの寄稿

を参照、「労働と相互行為——ヘーゲルの「イエナ精神哲学」への註」本書九頁以下。

*11——これについては、G. E. Lenski, *Power and Privilege, A Theory of Social Stratification*, New York 1966 を参照せよ。

*12——Vgl. P. L. Berger, *The Sacred Canopy*, New York 1967.〔薗田稔訳『聖なる天蓋——神聖世界の社会学——』新曜社、一九七九年〕

*13——これについては、*Erkenntnis und Interesse*, Frankfurt a. M. 1968.〔奥山次良・八木橋貢・渡辺祐邦訳『認識と関心』未来社、一九八一年〕を参照。

*14——Vgl. Leo Strauss, *Naturrecht und Geschichte*, 1953.〔塚崎智・石崎嘉彦訳『自然権と歴史』昭和堂、一九八八年〕; C. B. Macpherson, *Die politische Theorie des Besitzindividualismus*, Frankfurt a. M. 1967.〔藤野渉・将積茂・瀬沼長一郎訳『所有的個人主義の政治理論』合同出版、一九八〇年〕; J. Habermas, *Die Klassische Lehre von der Politik in ihrem Verhältnis zur Sozialphilosophie*, in: *Theorie und Praxis*^{2}, Neuwied 1967.〔細谷貞雄訳「古典的政治学」『理論と実践』未来社、一九七五年〕

*15——Vgl. J. Habermas, *Naturrecht und Revolution*, in: *Theorie und Praxis*^{2}, Neuwied 1967.〔細谷貞雄訳「自然法と革命」『理論と実践』未来社、一九七五年〕

*16——C. Offe. *Zur Klassentheorie und Herrschaftsstruktur in staatlich regulierten Kapitalismus*. (Manuskript.)

*17——最も新しいものとしては、E. Löbl, *Geistige Arbeit——die wahre Quelle des Reichtums*, 1968.

*18——Vgl. H. Schelsky, *Der Mensch in der technischen Zivilisation*, 1961; J. Ellul, *The Technological Society*, New York 1964, und A. Gehlen, *Über Kulturelle Kristallisationen*, in: *Studien zur Anthropologie*, 1963; ders., *Über kulturelle Evolution*, in: *Die Philosophie und die Frage nach dem Fortschritt*, 1964.

*19——背景をなすイデオロギーの伝播について特別にふれた実験的研究は、わたしの見たかぎりでは存在しない。われわれは別の質問調査の結果をもって補うほかはない。

*20——本書に収めてある *Erkenntnis und Interesse*, S. 146 ff. を参照せよ。（本書一三七頁以下）

*21——*Toward the Year 2000*, in: *Daedalus*, Sommer 1967.

*22——S. M. Lipset, P. G. Altbach, *Student Politics and Higher Education in the USA*, in: S. M. Lipset (Hrsg.) *Student Politics*, New York 1967〔大久保貞義訳「アメリカにおける学生政治と高等教育」、内山秀夫・大久保貞義編訳『学生と政治』未来社、一九六九年〕; R. Flacks, The Liberated Generation. *An Exploration of the Roots of Student Protest*, in: *Journ. Soc. Issues*, Juli. 1967; K. Keniston, *The Sources of Student Dissent*, ebd.

*23——Vgl. Flacks「活動家たちはかれらの親たちよりもラディカルである。しかし親たちにしても、おなじ社会的地位をもつ他の親たちにくらべれば、決定的にリベラルである。」「活動の理念は、うわべは政治的に見えないある価値の複合体につながっており、この価値の

複合体は、学生と親たちによって共有されている。」

「活動家の親たちは、活動的でないものの親たちよりも、より〈許容的〉である。」

＊24——Vgl. R. L. Heilbronner, *The Limits of American Capitalism*, New York 1966.

III——技術の進歩と社会的生活世界

＊1——*Literatur und Wissenschaft*, München 1963, S. 14.

＊2——Ebd., S. 15.

＊3——Ebd., S. 117.

IV——政治の科学化と世論

＊1——Max Weber, *Politische Schriften*, S. 308 ff.〔中村貞二他訳『政治論集』2、みすず書房、一九八二年、三五〇-三八三頁〕

＊2——J. Ellul, *La Technique ou l'enjeu du siècle*, Paris 1954 ; H. Schelsky, *Der Mensch in der wissenschaftlichen Zivilisation*, Köln-Opladen 1961.

＊3——H. Krauch, *Wider den technischen Staat*, in : *Atomzeitalter*, 1961, S. 201 ff.を見よ。

＊4——Vgl. H. P. Bahrdt, *Hermut Schelskys technischer Staat*, in : *Atomzeitalter*, 1961, S. 195 ff. ; J. Habermas, *Vom sozialen Wandel akademischer Bildung*, in : *Universitätstage*

1963, Berlin 1963, S. 165 ff.

＊5——H. Lübbe, *Zur politischen Theorie der Technokratie*, in:*Der Staat*, 1962, S. 19ff., 引用は S. 21.

＊6——Schelsky, a. a. O., S. 22.

＊7——H. Lübbe, *Die Freiheit der Theorie*, in: *Archiv für Rechts- und Sozialphilosophie*, 1962, S. 343 ff.

＊8——Vgl. Helmut Krauch, *Technische Information und öffentliches Bewußtsein*, in: *Atomzeitalter*, 1963, S. 235 ff.

＊9——Vgl. J. Habermas, *Strukturwandel der Öffentlichkeit*[3], Neuwied 1968.〔細谷貞雄訳『公共性の構造転換』未来社、一九七三年〕

＊10——D. J. de Solla Price, *Science since Babylon*, New Haven 1961; ders., *Little Science, Big Science*, New York 1963; これについて参照すべきものとしてH. P. Dreitzel, *Wachstum und Fortschritt der Wissenschaft*, in: *Atomzeitalter*, Nov. 1963, S. 289.

＊11——*Technische Information und öffentliches Bewußtsein*, in: *Atomzeitalter*, Sept. 1963, S. 238.

＊12——*Strategie heute*, Frankfurt a. M. 1962, bes. Kap XII, S. 292 ff.

V——認識と関心

＊1——*Schellings Werke*, ed. Schröter, Bd. III, S. 299.〔勝田守一訳『学問論』岩波文庫、一九五七年、九三頁〕

＊2——Bruno Snell, *Theorie und Praxis*, in: *Die Entdeckung des Geistes*, Hamburg 1955, S. 401 ff.〔新井靖一訳『精神の発見——ギリシア人におけるヨーロッパ的思考の発生に関する研究——』創文社、一九七九年〕, Georg Picht, *Der Sinn der Unterscheidung von Theorie und Praxis in der griechischen Philosophie*, in: *Evangelische Ethik*, 8. Jg. 1964, S. 321 ff.

＊3——*Traditionelle und kritische Theorie*, in: *Zeitschrift für Sozialforschung*, Bd. VI, 1937, S. 245 ff.

＊4——この論文は一九六五年六月二八日のフランクフルト大学就任公開講義をもとにしたものである。文献の指示はごくわずかにおさえられている。

＊5——*Die Krisis der europäischen Wissenschaften und die transzendentale Phänomenologie*, Ges. Werke, Bd. VI, Den Haag 1954.〔細谷恒夫・木田元訳『ヨーロッパ諸学の危機と超越論的現象学』中央公論社、一九七四年〕

＊6——Vgl. G. Gäfgen, *Theorie der wirtschaftlichen Entscheidung*, Tübingen 1963.

＊7——この道をはっきりさし示すものとしては、つぎの研究がある。K.O. Apel, *Die Entfaltung der sprachanalytischen Philosophie und das Problem der Geisteswissenschaften*, in: *Philo-*

sophisches Jahrbuch, 72 Jg., München 1965, S. 239 ff.

＊8――Vgl. Popper, *The Logic of Scientific Discovery*, London 1959〔大内義一・森博訳『科学的発見の論理』恒星社厚生閣、上・一九七一年、下・一九七二年〕, J. Habermas, Analytische *Wissenschaftstheorie und Dialektik*, in: *Zeugnisse*, Frankfurt a. M. 1963, S.473 ff.

＊9――わたしは H. G. Gadamer, *Wahrheit und Methode*[2], Tübingen 1965, Teil II の所論にしたがっている。

＊10――E. Topitsch (Hg.), *Logik der Sozialwissenschaften*, Köln 1965.

＊11――Th. W. Adorno, *Zur Metakritik der Erkenntnistheorie*, Stuttgart 1965.

＊12――M. White, *Toward Reunion in Philosophy*, Cambridge 1956.

＊13――Vgl. J. Habermas, *Dogmatismus, Vernunft und Entscheidung*, in: *Theorie und Praxis*[2], Neuwied 1967, S. 231 ff.〔細谷貞雄訳「独断論と理性と決断――科学化された文明における理論と実践のために――」『理論と実践』未来社、一九七五年〕

＊14――ヘルベルト・マルクーゼはその著書 *Der eindimensionale Mensch*, Neuwied 1967〔生松敬三・三沢謙一訳『一次元的人間――先進産業社会におけるイデオロギーの研究――』河出書房新社、一九八〇年〕のなかで、理性を技術的合理性に還元したり、社会を技術的処理の次元に還元したりするのがいかに危険なことであるか分析している。べつの角度からヘルムート・シェルスキーもおなじ診断をくだしている。「人間自身が計画的につくりだ

す科学文明の発展とともに、あらたな危険があらわれてきている。すなわち、人間が外的な、環境改善の行動だけに身をのりだし、他の人間や自身をもふくめて一切を、構成的行動のこうした対象地平に固定化してとりあつかうという危険である。自分の同一性や他者の同一性を確認できなくなるような、このあたらしい人間の自己疎外は……創造者がその作品のなかに、構成者がその構成のなかに、おのれをうしなうという危険をはらんでいる。人間は、みずからつくりだした客体性のなかに、構成された存在のなかに、のみつくされることに戦慄しつつも、たえずそうした科学的自己客体化の過程の進行に手をかしているのである。」(H. Schelsky, *Einsamkeit und Freiheit*, Hamburg 1963, S. 299.)

訳者あとがき

本書は Jürgen Habermas, *Technik und Wissenschaft als ›Ideologie‹*, edition suhrkamp, Frankfurt am Main 1968 の全訳である。

「まえがき」にものべられているように、本書はそれぞれ独立に書かれた五つの論文によって構成されるが、それらに一貫して底流するハーバマスの問題意識は、後期資本主義社会において生産機構にしっかりとはめこまれた技術と学問（科学）のイデオロギー性の告発にあるといえるだろう。

だが、技術や学問（科学）は、支配体制を理論的・観念的に正当化するという古典的な意味でのイデオロギーとただちに同一視はできない。現代における科学技術の異常な発展は、むしろそうした古典的イデオロギーの終焉を、あるいは社会全体の脱イデオロギー化を促進しているかに見える。熱っぽいが空疎なイデオロギー闘争にかわって、冷たいが効果的な技術的合理性が、社会の、人間生活の、すみずみにまでその支配の手をのばしている。技術的合理性の拡大・深化というかたちをとるこうした脱イデオロギー現象こそ、もっとも現代的なイデオロギー現象なのだ、というのが著者ハーバマスの基本的な視点であり、標題でイデオロギーということばにつけられた括弧は、そうした逆説的な事態を表現するためのものにほかならない。

ところで、近代の特徴を技術的合理性にもとめた代表的な思想家のひとりはマックス・ヴェーバーであり、その合理性が、じつは、人間性を抑圧し支配する政治機構と密接不可分な関係にあることをくりかえし強調してやまないのがヘルベルト・マルクーゼである。ヘルベルト・マルクーゼの古稀を祝って、冒頭にマックス・ヴェーバーの近代化論を引照しつつ展開される第二論文において、ハーバマスははっきりとマルクーゼの側にたって、マルクーゼがどちらかといえば社会学的に展開する近代合理性批判を、哲学的に、といっていいすぎなら、社会哲学的に、展開している。そこでもっとも特徴的なことは、近代合理性の根本衝動が、人間の自然にたいする技術的支配の様式を、人間の人間にたいする関係にまでおよぼそうとする点にあるとされていることだ。人間の自然にたいする関係を労働ということばであらわし、人間の人間にたいする関係を相互行為ということばであらわすという第一論文の用語法に即していえば、近代合理主義とは、労働の論理を相互行為の論理のうちにも貫徹させようとするものだということができる。むろん、その根底には、労働力の商品化を強いる資本の論理がある。だがマルクスが労働者とその生産物との関係のうちに見、マルクーゼが支配体制と被抑圧者の関係のうちに見た疎外の根本現象を、ハーバマスは人間と人間とのコミュニケーション行為の歪曲と破壊のうちに見る。技術的合理性がそのような人間疎外と表裏の関係にあることは、企業の合理化がどのようにひずんだ人間関係をうみだすかを考えただけで、容易に納得されるだろう。

人間の自然にたいする関係と人間の人間にたいする関係を二本の軸とするハーバマスの発想法をうきぼりにするのが、すでにちょっとふれた第一論文である。ヘーゲルの初期思想を言語、労働、相互行為という三つのカテゴリーの弁証法的関係を通じてときあかそうとするこの論文は、ヘーゲル解釈のうえで興味ぶかい問題を提起しているが、いまはそれにふれている余裕はない。ただ、文中しばしばあらわれる Sittlichkeit〔共同体の倫理、共同性〕というヘーゲル特有の用語が、人間関係ないしコミュニケーションの関係そのものをさすか、あるいはそうした関係をなりたたせる場をさすものとして用いられていることは、念のためつけくわえておきたい。

現代の合理主義が、自然にたいする技術的支配を人間にたいしてもおよぼそうとするところに成立することは、すでにのべた。技術的合理性は人間を冷たくつきとばしながら浸透していく。そうした合理性に抗して人間性を回復しようとするとき、われわれはどうすればいいのか。むろん安易な解答はない。ハーバマスが本書で示唆する解答は、真に民主的な討論の創造と哲学の批判的機能の回復のふたつである。いずれも粗描の域をでるものではないが、前者については第三、第四論文、後者については第五論文でとりあつかわれている。さらにくわしくは、前者については *Strukturwandel der Öffentlichkeit*, Neuwied 1962、後者については *Erkenntnis und Interesse*, Frankfurt am Main 1968 が参考になろう。

＊＊＊

本書の初版は一九七〇年にでているが、今回の再版にあたっては、訳文に全面的な改訂をほどこして正確を期した。

本書の出版にあたっては紀伊國屋書店出版部の山崎弘之氏にいろいろと尽力いただいた。しるして感謝の意を表したい。

一九七五年一一月

平凡社ライブラリー版　訳者あとがき

一九七〇年に初版が、一九七五年に改訳再版が、いずれも紀伊國屋書店から出たこの本が、こんどは平凡社ライブラリー版として世に出ることになった。

あらためて原書と訳文をつきあわせて読んでみて、訳文の生硬なのに驚いた。原文に引きずられないように、日本語として読みやすいようにと、意を用いたつもりの訳文が、あちこちで苦しまぎれの直訳調になっている。なんたることか。いっそのこと、白紙にもどしてはじめから訳そうかと思ったが、それは時間がゆるさない。で、できる範囲内で思いきって朱筆を入れてできあがったのがこの本である。

解説は岩崎稔さんが書いてくれるという。ハーバマスが現代思想のなかにどう位置づけられるのか、わたし自身、読むのが楽しみである。

出版にあたっては、校正、注の補充、索引の作成その他にわたって、平凡社編集部の関正則さんに尽力いただいた。記して謝意を表したい。

二〇〇〇年七月三〇日　　　　　　　　長谷川　宏

解説――「相互行為」という問いを拓く

岩崎　稔

『イデオロギーとしての技術と科学』が改訳されて、平凡社ライブラリーに入るという。本書が公刊されたのは一九六八年、熱い反乱の季節のただなかであった。後期資本主義社会の新たな矛盾や機能不全を前にして、ハーバマスがこの本を通じてめざしていたのは、単純な階級闘争のモデルや超歴史的な客観的理性のモデルに依拠しないで、現実をより適切に分析し批判的に理解することだった。当時は、フロイトのテーゼを援用したマルクーゼのエロス論などがもてはやされていたが、かれはそうしたユートピア論に対しても、旧来の主観性哲学の延命した形態ではないかというきびしい疑いの目をさしむけている。

それから三〇年余を経て、批判的に《いま》をとらえようというそうした試みは、どこまで有効なのだろうか。わたしたちはこの本をどのように読み直すことができるのだろう。まずは簡単に著者を紹介しておこう。ハーバマスというこの哲学者もしくは社会学者は

——どう呼んだらいいのかと迷うのは、この人がいつもきまって狭い学問分野を跨ぎ越してしまうからなのだが——ともかくこの守備範囲の広い思想家は、二〇世紀の最後の四半世紀にもっとも影響力のあった社会理論家のひとりである。この点は、ハーバマスに共感する人も反発する人も、一致して認めるところだろう。一九二九年生まれだから、ヒトラーが権力を掌握した一九三三年には四歳であり、戦争が終結した四五年には一五歳だった。ナチズムに対して同伴者的な気分をもつ裕福な家庭に育ち、その時期にヒトラー・ユーゲントに強い共感を抱いていたことは、かれ自身の告白によってよく知られている。第三帝国の戦争犯罪の全体を知ったあとでも、その日常を担っていたシステムが、戦後あたかも何もなかったかのように生活を持続させていくことに深い衝撃を受けたという。ようするに「ボクラ少国民」の体験をくぐり、そうであるからこそかれは、市民たちが作りなす自発的で自主的な関係の価値とその脆さに理論的につねに細心なのではなかろうか。

ボン大学で学んだあと、フランクフルト社会研究所の助手となり、アドルノやホルクハイマーに代表されるフランクフルト学派の第一世代に強い影響をうけ、やがてその学派の第二世代と位置づけられるような業績をつぎつぎに発表した。かれの理論的著作に接したことがない人でも、一九八六年に起きた「ドイツ歴史家論争」で、ナチスドイツの過去を清算しようとした保守的な歴史家たちを手厳しく批判した論客だと聞けば、思い当たるだろう。

＊

本書ばかりではない。ハーバマスの仕事は、いつも決まってわたしたち自身が生きている《いま》を近代という時間観念との関係でどう理解するのか、という問題群に結びついている。かれは「近代」にこだわるのだ。そこで、人によってはかれを最後の近代主義者だともいう。とくに一九八〇年代にこのハーバマスと論争していたポストモダン派の人たちは、かれを正真正銘の近代主義者たちよりもずっとたちの悪い近代の擁護者として目の敵にしたこともある。しかし、かれを近代主義者だとだけ呼んであっさり片づけるのはフェアではないし、それではかれが格闘した当の問題が見えてこない。ハーバマスは、「実現せずにいる可能性としての近代」と「結果として出現した事実としての近代」とを区別するからである。ハーバマスという思想家は、つねに二正面作戦をとる。近代の生み出した困難な現象をラディカルに批判しながら、だからといって、近代をまるごと否定する戦略に対しても同時に批判的な姿勢をとるのである。かれの有名なフレーズである「未完のプロジェクトとしての近代」という考え方は、可能性として内在しながら実現しないでいる近代の潜勢力《ポテンシャル》をあらためて十全にくみ出そうということであり、それによって対話的理性による強制のない合意を可能にしようとすることである。そのためには、旧来の理性や啓蒙の自己理解が陥っている自縄自縛から、わたしたちが解放されなくてはならない。

*

たくさんの習作的な著作を積み重ねたあとに、一九八一年についに日の目を見たハーバマスの主著『コミュニケーション的行為の理論』。その作品をひとつの到達点として考えてみると、本書はそこへと展開していく思考がまさに鋳造されていた現場なのである。とくに重要なのは、この「コミュニケーション的行為」という考え方である。

この本におさめられている第一論文のタイトルでもある「労働と相互行為」という言葉の前で、立ち止まってみよう。簡単にいってしまえば、「労働」とは、目の前にある事物を操作し、処理することである。物としての対象に関わる行為のモデルだと理解すればいい。それに対して「相互行為」とは、物ではなく他の人間を論拠をもって説得したり、その人と合意をしたりするような行為である。前者は目的合理的行為のモデルとして、後者はコミュニケーション的行為のモデルとして、区別して理解することが求められている。

こうしたモデルの歴史は古くはアリストテレスの『政治学』にまで遡るといってもいい。そこでは、ポリスの市民がオイコス、つまり家の仕事を宰領するときの専制的で一方的なあり方と、他の市民と交わり、公共的な場面で仕事をするときの非専制的で対等なあり方とが対比されていた。家政における行為は「労働」の論理にしたがって独白的なものとなるが、市民同士の「相互行為」は対話的で、つねに言論によって媒介され、相手と自分とが置き換え可能なものでなくてはならない。

ハーバマスの相互行為論をこうした古代以来の思考の伝統に接合させたのは、政治哲学者ハンナ・アーレントであった。実際、この時期に、つまり六〇年代に、ハーバーマスはアーレントの仕事にもっとも接近している。アーレントは、すでに一九五八年に公刊した『人間の条件』のなかで、「活動的生活」という概念に取り組み、その意味を鮮やかに救出してみせた。もともと、「観照的生活」とは、ひとりで孤独な理論的観照の態度をとる哲学者の生活であり、それが哲学史ではつねに本来的な思考のモデルとして考えられてきた。これに対して、それに対照させせられるべき「活動的生活」とは、人間が自分だけの静寂の外に出て、人びとのもとで行為をするときのあり方を指している。彼女は、思考の歴史がこの「活動的生活」をいかに適切に問うことができないできたのかを系譜学的に洞察するとともに、そのような問いの隠蔽を引き起こしている既成の知を「破壊」して、本来的な問いを拓いてみせたのだ。アーレントは、古代のポリス的空間の再構成を手がかりとしながら、「活動的生活」の範型を、生の必然性に対応するオイコスにおける《労働》、制作術に対応する《仕事》、そして他者と対等な存在として振る舞い、他者の記憶のなかにのみ存在する《活動》の三つに区別したのである。彼女によれば、こうした「活動的生活」のなかの区別はすでに古代の末には「社会的なもの」のなかに見失われ、さらに近代になると、むしろ独白的な《労働》のモデルにしたがって、人間の「活動的生活」一般が了解されてしまうという転倒が生じる。これは資本制社会における人間論ばかりでなく、マルクス主義における実践概念に関しても同様である。アーレントにとって重要であったのは、このような深い忘却に抗して、いかにこの「活動」とそのための公共的空間を適切に再開示できるのかということであった。

ハーバマスにとっても問題は、他者とのコミュニケーションをそのつど閉じてしまうこれまでの哲学的思考の枠組みを否定し、いかに適切に相互行為を主題化できるのか、また実際の歴史のダイナミズムによって押しゆがめられたコミュニケーションがなにを根拠として取り戻されうるのかということであった。目的合理的行為や戦略的行為に基づいてのみ他者との相互行為を処理しようとしても、それは当事者の意図がどうあれ他者の抑圧となり、自由な他者との言論と討議の空間である公共性の忘却にいたりついてしまう。言い換えれば、労働と相互行為、あるいは目的合理的行為とコミュニケーション的行為（実はこのふたつの概念対は単純に同じものではないのだが、そのことはここではおこう）は、事実としての近代の展開過程のなかで、前者が後者を侵食することになり、後者の固有性が覆いかくされてしまうのである。だからこそハーバマスは、一見するとやむをえない過程と見える近代の反事実的な可能性を再構成し、相互行為がわたしたちの生に根ざした関心に導かれていることを明らかにするのである。反事実的（contrafaktisch）とは、ユートピアではないが、事実のなかに内在しながら事実に対する批判の手がかりとなる可能性のことを指している。

＊

ところが、「労働と相互行為」という枠組みは、当初はけっして評判がよくはなかったようだ。たとえば、思考し労働する主体による解放の可能性（ひそかなモデルとしての目的合理的に生産する主体）に期待を残す人びとに、つまりは旧来のマルクス主義の枠組みを保持する人びとによって、「労働」の問題から区別された「相互行為」という観念は、物質的な現実を直視できない証拠のようにいわれていた。相互行為という問題は矮小な二次的問題として受け止められがちであった。「強制なき相互行為を」といっても、なるほど、これはナイーヴな要求のように聞こえはする。それは、社会の合理化の進展とともに他者に対する気遣いがなくなってしまうからいけない、という程度のことだろうか。あるいは、一時期ハーバマスに対する辛辣な皮肉としてよく耳にしたような、「話せばわかる」式のおめでたい理論のことなのだろうか。実際にハーバマスがここで対決しようとした課題は、そんなありきたりのことではない。そのことを見きわめるためには「相互行為」を適切に主題として見据えることが、従来の思想的枠組みにおいてはどれほど困難であるのかを、そうした批判の当事者たちに返してやる必要がある。

連帯と解放をめざしたはずのマルクス主義の経験のなかから、どれほど法外な暴力が現れてきたことだろうか。スターリン主義の党や国家の例をあげるまでもないと思う。いともたやすく他者を敵としたり、物のように操作することが、政治的実践の場面でどれほど行われてきただろうか。それには、他者との関係を労働を範型とした行為として、つまり対象を技術的に処理することに関わるような行為として了解することが深く関係している。「労働と相互行為」という問いかけは、そうした死角を衝いただけでなく、近代、とくに後期資本主義社会を批判的に理解しようとする人びとに対して、いったんはあらゆる既存の概念と思考の方法を根本から検証しなおす必要があるという、大きな課題を突きつけているのである。

実際、日本の文脈でも、このハーバマスの理論に接して、とくにすでに七〇年にいち早く邦訳されていた本書に接することで、マルクス主義的な枠組みにおける実践的主体性の概念にとりつく一元的な強迫観念を「治療」しはじめた人びとがいたのである。わたしにとっても、本書はその意味で深く記憶に残ったし、その後のハーバマスの仕事を追いかける動機になった。

＊

ハーバマスがこの本のなかで、試行錯誤しながら批判している事態は、かれの後年の表現を用いるならば、「システムによる生活世界の植民地化」ということである。かれが診断したこの「生活世界の植民地化」は、今日にいたる三〇年のあいだにさらにどう進展しただろうか。「グローバル化」という名のもとに世界はますます画一化し、生の意味はいっそう枯渇してきている。人と人のあいだの相互行為の可能性はいよいよ構造的に抑圧され、もっぱら目的合理的行為モデルによって他者が処理されるからこそ、住民の特定の階層に対する監視や隔離排除がむき出しの形で遂行されるようにもなった。産業と科学と技術との癒着はさらに凄まじいし、大学などは組織形態をますます企業に近づけつつある。そして、自己規律と自己責任の仮象のもとで、より効率的で過酷な選別や淘汰が行われている。ハーバマスの診断を上回る科学と技術と政治の現実が出現しているのである。

だが、それとともに、新しい「反システム運動」もまた次第に顕著になりつつある。その運動のなかでは、わたしが見るかぎり少なくともハーバマスが基本的な考察の場面においては主題的には扱ってこなかったポスト・コロニアリズムや環境などの主題が、あらためて深刻な争点として焦点化し、再政治化しているように見える。たとえば、一九九九年一一月末、世界貿易機関（WTO）総会に反対してシアトルで起きた「反乱」のことを思う。こうした出来事として現れてくる新たな動きにとって、はたしてハーバマスの開いた公共性とコミュニケーションの反事実的な構想は、どれほど有効な装置でありえ、またどれほど不十分なものなのだろうか。まずはそのことを見きわめるためにも、わたしたちは本書のような「コミュニケーション的行為の理論」の生成の現場に、一度はたち戻らなくてはならないと思うのだ。

（いわさき　みのる／政治思想）

マ行

ラ行

主要人名索引

平凡社ライブラリー　364
イデオロギーとしての技術《ぎじゅつ》と科学《かがく》

発行日…………2000年10月10日　初版第1刷
2023年6月8日　初版第4刷
著者……………ユルゲン・ハーバマス
訳者……………長谷川 宏
発行者…………下中美都
発行所…………株式会社平凡社
〒101-0051 東京都千代田区神田神保町3-29
電話 東京(03)3230-6579[編集]
東京(03)3230-6573[営業]
振替 00180-0-29639

印刷・製本………図書印刷株式会社
装幀……………中垣信夫

ISBN978-4-582-76364-5
NDC分類番号 134
B6変型判(16.0cm)　総ページ232

平凡社ホームページ https://www.heibonsha.co.jp/
落丁・乱丁本のお取り替えは小社読者サービス係まで
直接お送りください(送料，小社負担).

平凡社ライブラリー　既刊より

【日本史・文化史】

エドワード・W・サイード……知識人とは何か
野村　修……ベンヤミンの生涯
宮本忠雄……言語と妄想——危機意識の病理
ルイ・アルチュセール……マルクスのために
マルティン・ハイデッガー……形而上学入門
マルティン・ハイデッガー……ニーチェⅠ・Ⅱ
マルティン・ハイデッガー……言葉についての対話——日本人と問う人とのあいだの
マルティン・ハイデッガー　ほか……30年の危機と哲学
ニコラウス・クザーヌス……学識ある無知について
P・ティリッヒ……生きる勇気
C・G・ユング……創造する無意識——ユングの文芸論
C・G・ユング……現在と未来——ユングの文明論
R・A・ニコルソン……イスラムの神秘主義——スーフィズム入門
市村弘正……増補「名づけ」の精神史
ミハイル・バフチン……小説の言葉——付：「小説の言葉の前史より」
G・W・F・ヘーゲル……精神現象学　上・下
G・W・F・ヘーゲル……キリスト教の精神とその運命